壞男人的孫子兵法

情場與人際的雙贏謀略

那個奧客

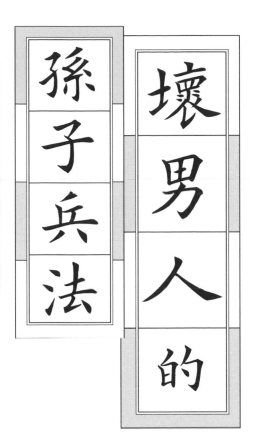

Preface

自序

《孫子兵法》是我們獨有的瑰寶，多數人對它的認識，大概只停留在預官考試會考的印象之上，讀完背完，考試通過也就算了，殊不知《孫子兵法》是一門值得把玩一輩子的大智慧，短短六千多字，含金量卻足以讓我們受用好幾輩子。如果你只是把它當成像《古文觀止》之類的文言文咬文嚼字，或是像學者一樣字斟句酌，考究老半天，恐怕就錯失一個讓腦袋升級的大好機會。

事實上，《孫子兵法》是給統帥、最高領導、公司CEO這類大權在握的人讀的，也正因為他們手握千軍萬馬，隨便一個決定都牽扯到許多人的生死，才更需要《孫子兵法》來優化腦袋。**當你的權力愈大，失敗風險高到無法承擔時，需要的已經不再是「勇氣」，而是「智慧」，《孫子兵法》能讓你成為真正的用謀高手。**

說到用謀，恐怕是許多人對《孫子兵法》的最大誤解。《孫子兵法》首篇是〈始計〉，一般人都把「計」當成詭計的「計」，以為自己做生意失敗、把妹告白被拒，可以從《孫子兵法》裡頭找到起死回生的妙計，幫自己逆轉勝。然而翻了老半天，才發現裡頭根本不是自己要的，於是把這本智慧寶典束之高閣。

面對這種情況，我自己是一則以喜一則以憂：憂的是少個人一起欣賞人類智慧最高結晶，這本問世兩千多年的書，到現在還是各國軍事院校必讀之書，看到有人不懂欣賞，還是不免覺得可惜；至於喜嘛，看到有人不讀《孫子兵法》，甚至對裡頭的智慧嗤之以鼻，就可以知道他的智力程度大概在哪，於是在弱肉強食的世界裡，又多一隻讓人宰割的肥羊。

但我心中的道德感最後還是戰勝功利主義，否則我也不會寫這本書來分享我自己讀《孫子兵法》的心得，作為大家一窺堂奧的引路人。

大家要知道，《孫子兵法》自春秋時代問世，歷朝歷代一直都有文人雅士或英雄豪傑試著注解，包含現代社會以它為名所出版的各種軍事或商管讀物，林林總總加一加也有成千上萬本。如果你讀《孫子兵法》發現幫助不大，我想，你得先對《孫子兵法》有基本了解，主軸抓住了，才能延伸出漂亮的支幹，讓你的腦子長好長滿，算無遺策。

一、這是一門教你不用打仗的學問

如果你以為《孫子兵法》能讓你像哆啦A夢一樣，在事情出包的緊要關頭拿出什麼法寶幫你挽回劣勢，那就搞錯孫子的本意了。《孫子兵法》不教人逆轉勝，沒有什麼奇怪法寶，也不像中國著名的《三十六計》直接給你工具箱套用在各種情境。

《孫子兵法》的核心只有一件事——打必勝的仗，也就是「先勝後戰」，甚至你先「勝」之後，敵人一看沒搞頭打不贏，直接舉白旗投降也說不定，這就是最高境界「不戰而屈人之兵」。

沒讀《孫子兵法》，你會在把妹告白失敗後到處問人該怎麼辦；讀了《孫子兵法》，你會很清楚知道根本就不該幹些讓自己陷入險境又沒半點好處的蠢事——「告白」就是其中之一。

二、跟實幹家學《孫子兵法》

後世注解《孫子兵法》的人非常多，我也希望大家別只讀我這本講解《孫子兵法》的書，這是門值得也必須把玩一輩子的學問，真要我寫完整版，給我一百萬字的配額說不定還不夠。所以，閱讀各家之說是有必要的。

然而，不是每一本講《孫子兵法》的書都值得一讀。後世注孫子最有名的莫過於《十一家注孫子》，但裡頭的注解也並非具有參考價值。道理很簡單，《孫子兵法》是拿來打仗用的，沒有在戰場、商場、情場歷練過的人，無法體會其精髓，自然講不出什麼道理來。

而這《十一家注孫子》裡，有好幾個是舞文弄墨的全職詩人，其注解頂多就還原孫子原意，讓上下文更加通順；但真的要說到「用」，我自己只讀以下作者的《孫子兵法》相關讀物：

1. 軍事家

最著名的《孫子兵法》注解，首推曹操的版本，在這十一家裡排名第一。玩過《三國志》的都知道，曹操的統率和智力都超過九十五，是個能帶兵打仗、寫詩作文、文化素養極高的神人，他的注解也是後世研究《孫子兵法》必讀。總之，軍事背景出身的作者，多半有很高的參考價值。

2. 企業家，或是在商場、職場打滾的人

有道是「商場如戰場」，文明社會不能老是刀兵相向，和平時期也沒啥機會打仗，只有商場才是最像戰場的地方，在其中打滾的企業家或高階經理人，不僅要面對競爭對手的攻擊（敵人），還得想辦法適應市場變化（地形），這幾項變因跟帶兵打仗根本一模一樣，因此他們寫出來的書，也值得一讀。這裡還推薦城市霞客邱天元老師的《孫子兵法》講座，我也是在聽完老師對《孫子兵法》一系列精彩的解讀後，開始對《孫子兵法》產生濃厚的興趣，進而研究，將其用到兩性相處與做人處世上。

3. 專研軍事的學者

首推鈕先鍾大師一系列軍事著作。如果你有時間，不妨把中西戰略理論都讀一讀，一定會很驚訝，怎麼老外的軍事理論和《孫子兵法》那麼像。

4. 如果你為情所困，那就讀讀《孫子兵法》吧！

很多人情關難過，會去讀《老子》或《莊子》這類專講清靜無為的書，當成心靈雞湯來讓自己好過點。其實，情場和戰場可是非常相似，很多人喜歡卯起來送禮、請吃飯追求女生，不就是「上兵伐謀，其次伐交，其次伐兵，其下攻城」裡的「伐兵」或「攻城」？這是等而下之的策略，**你應該思考要怎麼「不戰而屈人之兵」，讓妹自己來把你**（這句話也是我獵女課程的副標題）。

遭逢逆境，讀心靈雞湯讓內心好過點的確是個辦法，但身為一個男人，我會建議你，處理問題會比處理心情更加實際，而《孫子兵法》正是一門幫你解決問題的最佳指導方針，連人生問題都可從中找到解答。

Foreword

他序

站在戰略制高點去思索情場與人際全局

《孫子兵法》聞名古今，威震東西，無人不知，無人不曉，帝王將相奉為圭臬，唐太宗李世民對其給予極高評價：「觀諸兵書，無出孫武」，在中西戰場上更是人手一冊之寶典。除此之外，《孫子兵法》在商場上更享有極高地位，知名企業領導人將其奉為圭臬，為海內外各大名校與MBA相關學程必修，內容涵蓋一個商學院所能教授的觀念，也蘊含著無窮無盡的生命智慧。

後世對《孫子兵法》有來自不同領域的研究者：單由軍事學者來詮釋，不免陷入過多歷史戰役等非現實時空；讓文史學者來詮釋，不免陷入文字訓詁、考證等繁瑣之事，忽略其深厚的智慧本質；由企管學者來詮釋，也難免陷入企業間的商業競爭，同樣是種侷限；若由理工學者來詮釋，則變成精打細算的戰術研究，或是攻守推演的線上模擬遊戲，紙上談兵也。簡而言之，不同研究者各有其專業，但若僅由其立場詮釋《孫子兵法》的智慧，或多或少會有盲人摸象的遺憾，無法窺得其全貌，甚為可惜。

筆者曾於外商企業任職幕僚長，長期負責企業短中長營運規畫，在二十五年工作實作中，熟讀了《孫子兵法》；退休後結合多年的職場經驗、商場上的所見所聞，編寫《孫子兵法》教材，並開班教授，獲得企業界廣大朋友支持，口耳相傳下，教學十二年來也累積二千多位朋友一同學習《孫子兵法》。因緣際會，這本《壞男人的孫子兵法：情場與人際的雙贏謀略》的作者奧客也是其中一位。

事實上，《孫子兵法》不只是用在戰場的兵法，更精確地說，孫子在成書之際並未替此書命名，《孫子兵法》是後世研究者為了方便稱呼所取的書名，其所蘊含的，是可以運用在任何資源分配的競爭思想，或許，《孫子兵法》若更名為《孫子的競爭思想》會更符合其本質。

既然說到資源分配，當然戰場、商場都可適用，這也是《孫子兵法》在世界火紅的原因，翻譯版本更不計其數。但除了常見的商界與戰場研究，**奧客卻能發揮巧思，將《孫子兵法》運用在情場和人際相處上，從另一種角度詮釋《孫子兵法》，讓讀者能多一種視角，去領略這部曠世鉅作的豐富內涵**。

本質上，《孫子兵法》的最終目的是「全勝」，不僅保全自己，也保全敵人，達到不戰而屈人之兵，同時獲利。**奧客這本書，也同樣秉持這項原則，站在戰略制高點去思索全局**，實屬難得。

希望奧客這本書，能夠讓更多後起之秀注意到這項源自中華民族的絕學，用更多元豐富的視角去重新詮釋《孫子兵法》，在學習之路上另闢蹊徑，用更寬廣的視野勾勒出《孫子兵法》的豐富內涵，來宣揚「求全」、以「不戰」為目標的「孫子競爭思想」。

——城市霞客 邱天元

Foreword

他序

真正重要的其實不是妹子，而是你的生活

當奧客跟我說他要出書時，我就問他願不願意讓我寫個推薦序。他說，求之不得啊，只是會不會跟我的形象不太一樣？也對，如果在網路上認識我的人，或是跟我沒有這麼熟悉的人，看到我幫奧客寫序，大概會覺得風格完全不搭。畢竟我宣揚長期關係，更常被說狂灌雞湯，散播歡樂散播愛，到底我要用什麼觀點來分享這本書呢？

老實說，我跟奧客非常熟，而且我們對女生的基礎價值觀是相同的，只是進入長期關係後擁有不同的選擇。但我能夠跟他這麼好的原因之一是，我們不影響彼此的價值觀，並且保持尊重和理解。但我必須要說，這個基礎是建立在我們擁有平等的話語權，誰也不需要討好誰，而且能夠從不同的價值觀中得到新的理解，而這就是這本書希望讓你學會的「強大」。

我常常遇到很多朋友，希望我給他一點追女生的意見；甚至在粉絲專頁中還有人問過我，是不是沒車沒房沒錢沒外表，就不會有人喜歡自己？接著我問他：**那你覺得你有什麼優勢呢？**他的

回答是：我有一顆真誠的心，而且會真心對對方好。

我最喜歡亂比喻了，所以我想換個方式來說說。如果你去手機行買手機，店員告訴你：這裡有一支手機，速度不快，螢幕沒有很好，記憶體不多，相機堪用，價錢一般般，可是我真心誠意想要賣你，希望你買下。這時候，你難道會被店員的一片真心所感動嗎？我想了想，如果這個店員是個正妹也許會考慮一下，但後來又想到，或許對方不會因為我買了手機而跟我有進一步的連結，於是我大概會放棄這支手機吧！如果連買一支手機，我們都要這麼斤斤計較了，面對可能會一起走過一段路的一個人，甚至是記錄在人生交往過程中的一個人，誰會完全不挑就下手呢？

而有趣的是，很多人會開始思考：既然我什麼都沒有，那就來學個技巧好了，看是去搭訕啊，或是怎麼把別人騙上床等等。但這就是我推薦這本書的最大原因——許多人總會錯把手段當目標，**就算一開始真的和女生建立了連結，但招式用盡後，妹子也就離開了，這真的是你想要的結果嗎？**

所以在這本書中，除了一些技巧，我認為更重要的是許多情境上的判斷與思考，**如何將所做的每一件事情價值最大化，並且去分析之後的可能性，從大局中以理智權衡得失**。引導我們打破那些習以為常的認知，重新建立觀念，並且重新詮釋《孫子兵法》，我認為才是奧客這本書的精髓。而更重要的不只是運用在與女生的相處，包含人際關係甚至商場上，只要你能了解奧客講的概念，相信你一定能夠如魚得水。

最後我想說的是，看完本書你會發現：真正重要的並不是妹子，而是你的生活。當你的生活都在想盡辦法去取悅妹子，那麼就是妹子擁有你的生活。然而，**如果你的生活都想盡辦法取悅自己，而妹子很喜歡你的生活，並且想要加入，那麼你在生活中就擁有了這個妹子。**聽起來像繞口令，但我想這就是我從這本書悟出的精髓，希望你能夠跟著奧客的腳步，找到屬於你自己的道路。

——張忘形

目次
Contens

第三章 Chapter 3 〈謀攻篇〉
開戰前的布局方法

第四章 Chapter 4 〈軍形篇〉
如何讓自己穩居優勢？

第七章 Chapter 7

〈軍爭篇〉

領導團隊，同時擁有良好內心素質的祕術

第八章 Chapter 8

〈九變篇〉

培養利中見害、害中見利的高手眼光

第九章 Chapter 9

〈行軍篇〉

觀察敵情的方法

第十章 Chapter 10
〈地形篇〉
學會等待，變成真正的英雄

第十一章 Chapter 11
〈九地篇〉
各種情境的突圍方法

第一章

〈始計篇〉

如何打必勝之仗？

Chapter 1

不打沒把握的仗

先有目的才走得到目的

老狐狸的必備條件

領導者氣質

1-1

不打沒把握的仗

孫子曰：兵者，國之大事，死生之地，存亡之道，不可不察也。故經之以五，校之以計，而索其情：一曰道，二曰天，三曰地，四曰將，五曰法。

說起《孫子兵法》，不少人會以為既然一堆企業大老狂推，必定是本千載難逢的奇書，裡頭一定有著算無遺策的錦囊妙計，能幫助自己突破逆境，在落後三分、兩好三壞滿壘的情況下揮出逆轉滿貫炮；然而興沖沖找來看（你還得看得懂古文），才驚覺這本古今中外一致推崇的神書竟然這麼平實，平實到你會懷疑孫武本人是不是過譽，短短六千字的兵書，除了拿來考預官，字裡行間還真找不到可以馬上使用的錦囊妙計。

事實上，很多人對《孫子兵法》理解錯誤，以為這是本幫自己打勝仗的書，只要照著書中所寫，按表操課，上至職場鬥爭，下至情場撩妹，什麼目的都能手到擒來。《孫子兵法》若真有這麼神，就不是短短六千字能搞定的篇幅，大概六百萬字也不夠寫。但自這本書問世以來，多少人靠它帶兵打仗、攻城略地，在歷史上留下讓人緬懷的豐功偉業；就算是到了現代，一樣能用在職場或商場上，連把妹也使得上力。如果《孫子兵法》真的鉅細靡遺到把戰爭各種情況都一條一條列出來，必定是寫成六百萬字的巨著，我敢說，不出兩百年這本書就過時了。要知道，愈詳細的書，腦補空間就愈少，後人讀來便像是工具手冊一樣，雖然執行步驟明確，但只要時代、工具、科技一變，遊戲規則一改，整本書都得重來。

我覺得西方把《孫子兵法》翻得非常到位：*The Art of War*，沒錯，《孫子兵法》就是一門「戰爭藝術」，能夠上升到「藝術層面」，很難用SOP的系統步驟去解析（畢竟理性思維是西方才有的東西，但孫子已經超越很多人了）；它給的大多是一些原則，之後就靠你的悟性，反覆與自己的生活歷練對照，逐步參透字裡行間的玄妙，於是就能靈活運用。套句岳飛的名言：「運用之妙，存乎一心。」也正因為它是門「藝術」，《孫子兵法》才能僅用六千字，涵蓋天底下有關「競爭」的一切事物，反正後人會自己腦補，可以衍生出無數種技巧、策略。

先評估能不能打

這裡要給大家的第一個原則，同時也是整本《孫子兵法》第一篇〈始計篇〉的核心——「廟算」分析。

所謂「廟算」，是指開打前大家齊聚一堂，評估這仗能不能打，根據敵我雙方狀況擬定作戰計畫。當年孫子在寫書時，其實是按照戰爭流程所寫，孫子也說：「兵者，國之大事，死生之地，存亡之道，不可不察也。」正因為打仗這檔事實在茲事體大，勞民傷財不說，戰場上掛掉的士兵，可都是貨真價實幫助國家經濟發展的勞動力，不好好評估一下怎麼行？

看似理所當然的思維，很多人卻反其道而行，凡事先幹了再說，之後再慢慢看著辦。其實一開始考慮得愈周詳，面對各種狀況也更能得心應手，不會驚慌失措。

比如說，把妹不能只考慮妹子的外貌（當然外貌很重要），但如果你要結婚，還得考慮對方家庭、個性、價值觀，算得愈清楚愈不會糾結。**面對職場與情場的各種突發狀況，只要基本面不變，你完全不用擔心。**

是的，《孫子兵法》不是在玩什麼奇謀詭計，反而把基本面視為頭號重要的東西。

掌握基本面的好處

雖然孫子用「五事七計」來描述基本面，但畢竟他講的是戰爭（而且還是兩千多年前的戰爭），我認為大家必須根據實際狀況來擬定自己的「五事七計」，前面講把妹考量，算是非常基本的例子。

那麼，掌握基本面有什麼好處呢？

一、穩定心情

雖然基本面是大方向，但事情不可能樣樣順利，中間很可能會出點小包，讓你心煩到懷疑人生。面對這種鳥事，你的應對心態很簡單，只要基本面不變就不用鳥它。

舉例來說，如果你的女友長相清秀、家世清白、個性正常、願意講道理，你也很清楚以上指標是自己挑老婆的基本面，只要這女生在相處上沒有違反這四條，那面對生活裡各種小摩擦，我覺得都該睜一隻眼閉一隻眼。**太過囉嗦？不在基本面考量裡，要唸就讓她唸；出門需要報備很煩？不在基本面考量裡，不妨轉念一想，把這當成是愛你的表現**，再怎麼說，也是因為關心你才要管這麼多。

你看，只要跟基本面一比較，各種在基本面以外莫名其妙的鳥事，你完全可以用淡然的態度輕鬆應對，理智也能作為處理情緒的最佳武器。

二、及早停損

理論歸理論，基本面也只是我們用來評估要不要繼續攪和的標準，大多時候常發生意外，畢竟我們也只是人腦，無法算無遺策，要是發生意外，基本面產生改變，你最該做的其實是停損。

比如原本在你心中認定三觀[1]正確、可以娶回家當老婆的女友，不知道是受到社會價值觀還是職場汙染，開始變得敗金，花錢不手軟就算了，還對你頤指氣使，一副沒幫她付錢就是你的錯的模樣，我相信一個有自我價值的男人是不會笨到把這種女人娶回家，及早停損離開才是正途。

就算你要給她機會留校察看（能溝通當然最好，但這種情況通常很難），**一定要定出期限，時間一到，她仍然是這鳥樣，請不要心軟而無限加碼，馬上離開才是正途**。

〈始計篇〉的哲學

這裡要跟大家說明一下，《孫子兵法》的〈始計篇〉並沒有提到「停損」概念，這完全可以理解，因為戰爭的成本太大，一旦開打，除非投降認輸（而且還沒有投降輸一半這種爽事），你壓根兒不可能說停就停。在孫子的觀念裡，**一切優劣條件必須在開打前就考慮好，能打就打，打不贏就千萬別開戰**，看你是要裝死還是打馬虎眼，反正能拖就拖，沒有必勝打算，就絕不開打。

〈始計篇〉的哲學，正是算無遺策的廟算，就算你要把《孫子兵法》這種高級貨用在小打小鬧的把妹調情上，也要取其精神，極盡所能把一切因素考慮進去，這才是孫子想告訴我們的事，而不是以為自己隨時能夠停損，所以草率決策。千萬要記得，**決策過於草率所出的包，就算你真**

的勇於停損，也賠得差不多了。

前陣子我有位玩虛擬貨幣代操的朋友，我好奇問他停損點是抓多少，他回答：五〇％。我一陣沉默，下定決心絕不碰虛擬貨幣，如果你真的覺得賠掉五〇％還叫「停損」，就儘管衝吧，呵呵。

1 三觀：世界觀、人生觀、價值觀。

1-2

先有目的才走得到目的

道者，令民于上同意者也，可與之死，可與之生，民不詭也。天者，陰陽、寒暑、時制也。地者，高下、遠近、險易、廣狹、死生也。將者，智、信、仁、勇、嚴也。法者，曲制、官道、主用也。凡此五者，將莫不聞，知之者勝，不知之者不勝。故校之以計，而索其情。曰：主孰有道，將孰有能，天地孰得，法令孰行，兵眾孰強，士卒孰練，賞罰孰明，吾以此知勝負矣。將聽吾計，用之必勝，留之；將不聽吾計，用之必敗，去之。

在〈始計篇〉中，「道」可說是孫子要我們首要考慮的第一要素。狹義地說，能取得高度戰爭合法性的國家，不僅獲得民心支持，國際輿論聲浪也會站在自己這方。像美國要對外出兵，也要講一番維護世界和平的幹話；中國歷代要搞叛亂，排名第一的藉口也是「清君側」[2]。就算連自己都不相信，也要扯張虎皮做大旗，擺擺樣子，畢竟眾怒難犯，老百姓還是不好得罪的，說什麼也要想個理由糊弄一下。

但若是廣義解釋，「道」指的是天道，用白話文講，是指「社會願景」，出兵的目的必須要對眾生有利，如此一來，大家也才願意把國土城池奉上，你才能真正兵不血刃，不用動刀動槍達成自己的目的。

聰明的你，應該已經發現到，不論是廣義還是狹義的解釋，差別只在有沒有把幹話說得漂亮，不僅把別人唬住，連自己也願意相信發兵打仗是為了拯救天下蒼生，只是剛好會獲得城池土地，我也是千百個不願意啊。在我看來，我們不該老困在話術的斟酌，應該把「道」字再往上昇華，從「目的」角度切入。

決策5步驟

要先說，以下要講的決策五步驟，有著先後次序的差別，在你對應生活案例的同時，也請依照以下順序，逐一對照：

2 清君側：替皇帝清除身旁小人。

一、大戰略

西方兵聖克勞賽維茨（Carl von Clausewitz）在他的經典名作《戰爭論》（*Vom Kriege*）裡，開宗明義就說「戰爭是政治手段的延續」，多少點出在戰爭之上還有政治目的存在。但雖說如此，整本《戰爭論》還是緊扣在如何破敵的討論上，不小心跟自家這句流傳千古的名言互打嘴巴。簡單講，能出張嘴解決政治問題，又何須動刀動槍呢？光就這一點上，《孫子兵法》的境界可是高出許多，從第一篇的「廟算」開始，《孫子兵法》就圍繞著「不戰而屈人之兵」打轉。

能理解戰爭只是手段之一，大家也能輕易接受大戰略的概念。如果一個國家想要奪取A國的石油資源，當然可以興兵從正面硬幹，把土地搶過來，「搶石油」是大戰略，「開戰」只是手段，但一定要開戰才能搶到石油嗎？能不能跟A國談價碼，或是用國內其他天然資源交換，說不定直接拿天然資源去換還比打仗便宜。

我自己教把妹也很強調大戰略思維，我常問學生：**你們把妹的目的是什麼？**傳宗接代？在配偶欄填個名字讓父母閉嘴？還是找個不扯後腿的伴侶一起生活？**能夠想清背後的終極目的，你才不會被把妹的「框架」（frame）**[3]**所迷惑**。如果你只是想讓父母閉嘴，直接找婚友社相親配對就能結束比賽了，根本不用費盡心思把妹。

二、戰略目標

如果你真的決定要用戰爭作為實現目的的手段，那就得思考戰爭過程中要達成哪些目標，比如攻下哪座山頭、城池，用企業說法叫績效指標，也就是KPI（Key Performance Indicator），或者你也可以像我的把妹哲學一樣，定下短期、中期、長期三種目標。總之，你可以在空間軸或時間軸上擇一訂定自己的目標，重點擺在「What」上面。

三、戰術工具

有了戰略目標，就要開始思考如何達成目標了。但考慮戰術方法之前，你得先考慮到戰術工具，看看手邊有哪些牌，工具的不同，將嚴重影響到方法的不同。

在軍事理論中，戰術工具指的是軍種形式，冷兵器時代的騎兵、步兵、弓兵，指揮起來，絕對和現在的飛機、坦克、大砲大不相同。戰術工具直接受到科技影響，會大幅改變作戰形式，甚至影響到領導統御風格，你也可以說「治軍理念」是戰術工具的延伸。

像許多大企業謹守著疊床架屋的組織結構，畢竟人需要對權力有所幻想才能驅使他們往高處

3 「框架」（frame）：詳見3-2〈上兵伐謀的藝術〉、6-1〈把妹的主動權〉、7-4〈妹子來勢洶洶怎麼辦〉。

爬，在人數眾多的大型企業並不難理解，但在這動不動就出現新創公司的年代，這套管理方法早就不好使了，取而代之的是扁平化組織，老闆底下人人平等（說不定老闆還得捲起袖子親自下來幹），不僅部門之間的界限愈來愈不明顯，員工還經常跨部門組成靈活多變的專案團隊。大企業和新創公司的組織差異，正說明戰術工具的不同。

把妹學說也有著不講技術、心誠則靈的「自然流」，以及不帶情緒、只講手段方法的「技術流」，兩派各有各的擁護者，但你只要再往戰術工具的上兩層瞄個幾眼，肯定能從大戰略與戰略目標中找到更適合自己的答案。

四、戰術方法

雖然屈居第四層，但大家可別小看戰術方法所決定的「How」。這麼說吧，如果戰術工具是指武器，那戰術方法就是使用武器的技術。我想在理論上大家都明白，與其計較戰術方法，還不如往上升級自己的武器，就算拿的是倚天劍、屠龍刀，還比不上一把二戰時期的步槍。的確，能夠升級自己的武器，讓戰術工具提升一個檔次，也確實不用在戰術方法上糾結。

但是，如果受限於科技，大家只能使用同一種武器，那戰術方法就很重要了。

近年來，對岸流行一種講法：「三百六十五行，都可以透過互聯網[4]翻轉，重新再玩一遍」，恰恰說明了戰術方法的靈活性，只要目的一樣（大戰略、戰略目標相同），手邊的工具、平台也一樣（戰術工具相同），決定勝負的，就只剩下戰術方法了，大家來比創意吧。

五、攻略

「攻略」是指把前人研發的戰術方法，照表操課演練一遍，期待再次出現相同結果，套句成功學愛用的幹話，這就叫「複製成功」；然而，我把攻略寫在這，卻是希望大家不要用這種低層次的決策方法。明眼人一看便知，所謂攻略，跟你玩線上遊戲打魔王一樣，會放什麼技能、什麼時候放、該怎麼閃、怎麼攻擊，全都有一定套路，完全不用動腦，熟練就行。或許你能透過攻略把一件事做好，但只要稍有變化，你會像死背公式的考生一樣，人家改個數字你就愣在那兒了。

不知道你有沒有發現，除了第一個步驟的大戰略有著明顯格局差異外，之後四個都會因為你的第一步牽一髮而動全身，環環相扣，有著深遠影響。也就是說，你的戰略要是太爛，後面的戰術再精妙、再努力，一樣回天乏術，**有道是「不要試圖用戰術的勤勞，去彌補戰略的愚蠢」；直**

4 互聯網：大陸對網路的說法。

白地說，愚蠢的戰略誰都救不了你。

那什麼樣的戰略才是好戰略？《孫子兵法》有個很有意思的特性——**不僅要贏，還要愈贏愈強，要做到這一點，你必須讓敵人願意雙手奉上他的所有**。問題是，人家又不是傻子，平白無故幹麼把自己的一切給你，除非你能讓他獲得好處。沒錯，格局最高的戰略目標，要能做到雙贏，甚至如果是多方博弈，能夠往多方獲利去謀畫，這才是長久經營之道。

大家都獲利，你便不會有仇人和敵人，光靠這一點，你就比別人有更多成功籌碼了。

1-3

老狐狸的必備條件

計利以聽，乃為之勢，以佐其外。勢者，因利而制權也。兵者，詭道也。故能而示之不能，用而示之不用，近而示之遠，遠而示之近。利而誘之，亂而取之，實而備之，強而避之，怒而撓之，卑而驕之，佚而勞之，親而離之，攻其不備，出其不意。此兵家之勝，不可先傳也。

前面講了「基本面」，希望大家能慢慢抓到《孫子兵法》的核心。《孫子兵法》從來就不是奇謀詭計的工具書，隨手一抓就能拿出個套路給你用，更不是像哆啦A夢的道具百寶袋，裡頭有種種法寶幫你解決問題；它的核心，是讓你穩紮穩打，從評估基本面出發，一步一步邁向勝利。

看到這裡，我猜會有人產生疑問：這樣《孫子兵法》一點都不屌啊！怎麼會馳名中外，被歷代名將視為經典呢？因為歷史、職場、政治的種種規律，都是從基本面開始，平時的實力累積，才是決定勝負的關鍵，《孫子兵法》一開始的「五事七計」是要我們評估敵我雙方的實力差距，藉此判斷能不能打。

然而，大多數人總以為實力差太多一樣可以打，反正只要拿到祕笈，任何人都可以一發逆轉，這類戲劇化的劇情人人愛看，韓信背水一戰的故事，大概是每個被已讀不回，還打算用告白來逆轉劣勢的純情少男最喜歡拿來說服自己的理由，但鮮少人知道，韓信之所以敢大膽背水一戰，是因為他留了二千兵馬在外頭打游擊照應，人家可是有動腦在布署自己的作戰策略，敢背水一戰，是因為袖子裡有暗器啊！

老狐狸想什麼？

《孫子兵法》把智慧擺在第一，就是要我們動腦。大家在讀歷史或上課時，千萬要注意一個迷思：**所有的逆轉、險中求勝的案例或故事，都是不正常的**，同時發生機率微乎其微，正因為不多見，才為人津津樂道，但只看表相的人，會以為這麼做才會成功。你看到隔壁老王把妹告白成功，以為告白是把妹的必備方法，殊不知妹子早就喜歡老王，告白與否，根本不重要。甚至我還可以說，**一百個試圖用告白把妹的，成功的恐怕不到一個，但就是有人會把成功機率不到一％的特例當作真理，傻乎乎往火堆裡飛。**

一、價值觀：只有強弱，沒有對錯

要學《孫子兵法》，三觀一定要正，不能像憤青一樣，整天嚷著平權，以為自己在做「正確」的事，卻只不過是拉人連署、號召上街抗爭這種左膠（Leftard）[5]在幹的事（而且常常萬人響應，卻只有一人到場）。你需要資源，需要團隊，需要搞利益聯盟，需要拉攏人心，大家拚的是實力強弱，沒人在乎你的理念是否正確。

二、平時：累積實力

說白了，平常就要提升自己的實力。要在情場得意，不是學話術死命搭訕，而是靠健身和穿搭提升自己的外型，靠讀書和歷練讓談吐升級，有了「基本功」累積出來的實力，你才有本錢東搞西搞，就算要使權謀詭計，你也有更多資源可供調度。

但是，看到「累積實力」這四個字，大概有八成的人不想再看下去，他們會覺得：啊這不就廢話，有什麼值得一提的？問題是，就算知道是廢話，會認真執行的人卻只有鳳毛麟角，最後成功的，往往是平時願意自我提升、默默積累的人。**畢竟「累積實力」做起來太花時間，短時間看不到效果，所以普羅大眾常不當一回事——這也是平凡人之所以平凡的真正原因。**

5　**左膠**（Leftard）：泛指不切實際或只講理想的左翼分子。

三、戰時：沉住氣等待

任何技術和方法，你都可以從課程或網路找到資料（資訊品質取決付費多寡），但有樣東西是任何人都教不來的，叫「時機」。或許你從某某名師手上學到絕世武功，每個步驟都能完整執行，但「什麼時候出手」是屬於藝術的高級境界，甚至關係到心理素質，沒人教得來。

更慘的是，現代人急功近利的狀況愈來愈嚴重，面對混沌未明的態勢，常常因為無法等待而搞得自己滿盤皆輸。像女生對你的ＬＩＮＥ已讀不回，雖然不想鳥你的機率頗高，但也有可能是真的在忙，一時半刻無法回你；**你要做的就是等待，過個兩三天看她搞什麼把戲再說，就算沒有進展，至少場面維持住，要進要退還是有辦法，成功是屬於那些沉得住氣的人。**

什麼時候用詭道？

大家會覺得很奇怪，既然《孫子兵法》大談基本面，照理說應該是個古意人啊，談詭道不是很矛盾嗎？其實不然。《孫子兵法》是講利益的兵法，要不要當古意人取決於是不是有好處，甚至要不要開戰也是看有沒有好處。所以，**要不要搞詭道，也是看有沒有好處可撈**。畢竟，你讀《孫子兵法》，你的敵人也讀《孫子兵法》，雖然《孫子兵法》和《葵花寶典》一樣強，但可不像《葵花寶典》一樣只有東方不敗才能讀，你隨便上網都能查到全文，連版權都沒有。

所以，到底該什麼時候用「詭道」？答案是「看情形」。

一、你是平凡人，想把林志玲

林志玲是我那個年代的女神，我不知道這本書會流傳多久，反正「林志玲」可以換成你所熟知的任何一位女神。這種基本面相差巨大的情形，用什麼詭道都沒用，正確做法是鼻子摸摸回家累積實力，基本面處於同一層級，才有討論的必要。

你想把女神，也要有本事在她的生活圈出現才行。

二、你是周杰倫，想把普通妹

我相信周杰倫還可以紅好一陣子，這個例子應該淺顯易懂。今天周杰倫要是看上自己的歌迷，他根本不用耍什麼詭道，房間號碼寫在紙上，請人拿過去就行，實力差距過大，直接輾過去，不要浪費時間，身為周杰倫，還用搭訕話術耍詭道是會被笑的。

三、雙方實力接近時

雖然前面講了實力差距過大可以直接輾壓，但在現實世界中，大多數都是我們被人輾壓，而不是輾壓別人，想要以弱勝強，你們的實力至少要在同一層級，俗話說「四兩撥千斤」，但前提是你也要先有四兩重才行。

你的實力略遜於對方，可以靠詭道以小搏大，想搞辦公室戀情、追追系上女同學，用點詭道可以讓對方誤判你很man、很帥，還是很好使。但就算你實力稍微贏過對方，也千萬不能掉以輕心，得提防對方使用詭道，一不留神，還是可能陰溝裡翻船，被對方以弱勝強。

為什麼詭道能讓人以弱勝強？核心就在「誤判」兩字，是的，**這些招再怎麼變，都不出讓人誤判形勢、做出錯誤決策，再「出其不意，攻其不備」，一擊必殺，這才是奇謀詭計的真相**，大家以為只要居於劣勢都可以用詭道逆轉，實際情況，你還是需要實力作為靠山。

再強調一次，實力處於同一個維度（dimension）[6]，「詭道」才有操作空間。

6－**維度（dimension）**：詳見3－1〈用兵最高境界〉、4－2〈攻守新思維〉、4－3〈先贏了再打〉。

1-4

領導者氣質

夫未戰而廟算勝者，得算多也；未戰而廟算不勝者，得算少也。多算勝，少算不勝，而況無算乎！吾以此觀之，勝負見矣。

《孫子兵法》在五事七計中，提出「智信仁勇嚴」的選將考量，短短五個字，我認為足以涵蓋整個五事七計。雖然前面講「道」的重要，但戰爭是人在打的，各種事業也是人搞出來的，你說妹子嘛，也是我們男人自己得去把來，萬事萬物都落在領導者的肩上，而這一切關鍵全在於「智慧」。

孫子的選將標準將「智」擺第一是有他的道理，什麼紀律、制度，五事七計的其他項目，只要有「智慧」，一切都會水到渠成。

有智慧，知進退

這世上沒有一門學科可以教你「智慧」，哪怕像臺大這類頂尖學府，也沒有一門學科叫作「智慧學」（至少我念的那幾年從沒聽說過）。你必須歷經一番跌跌撞撞，才可能從中歸納出人性與歷史規律，進而淬鍊出智慧的光輝。而智慧，我認為可以分成以下三個階段：

一、揣摩人心

既然是《孫子兵法》，我們當然不會講愛與和平這類心靈雞湯才會有的幹話，更重要的是對人性的理解，不論你是職場升遷、帶兵打仗，又或者是開公司搞新創事業，連把妹你都需要考慮到人性。有了對人性的理解，你才能做出預測，推演出對方的想法，作為自己的行事依據，而這又可以分兩部分來說：

1. 動機

很多事之所以想破頭都看不明白，根本原因在於你沒有掌握對方動機。老闆為什麼要讓能力平平的同事升官，卻略過能力比較好的你（當然，「能力好」可能只有你一個人這麼認為），理由可能是他想找個聽話的來鞏固自己的權力；正在追的妹子為什麼要和別的男人約會，但對你的邀約置之不理，可能是她只喜歡帥哥，而你剛好不是……跟你的話術恐怕沒啥關係。

搞清楚「動機」，你才能知道他們的真實目的，不光有助你判斷局勢，還能選擇正確的誘因，驅使他們按照你的意志行事。

2. 偏好

偏好指的是行為模式，就算有著相同動機，不同族群也會有不同的呈現方式，這就是偏好所帶來的差距。比如人人都想賺錢，但酸民會仇富，一般上班族會努力存錢，而天生冒險性格的創業家會不斷嘗試各種方法，讓自己的賺錢速度最大化。

就連妹子也是，同樣想找個好男人嫁掉，有些會端正外貌和三觀，讓自己發光發熱，被男人看見；而有些，卻只會當綠茶婊，大玩手段。

對偏好理解最深刻的，大概是現在的社群小編了，包括最近很夯的大數據，玩的也是同樣東西。掌握「動機」與「偏好」，對人性的理解已經八九不離十。

二、計算利益平衡

上至總統高層，下至地方民代、部門小主管，只要是組織領導者，心裡念茲在茲的也是各派系之間的利益平衡。要知道，一旦利益分配不均，不爽的那一方勢必有所動作，哪怕只是輕微的擾動，「蝴蝶效應」告訴我們，一點點變數都可能會讓自己位置不保。

1. 上對下的利益平衡

軍隊領導和士兵之間，也得講究利益平衡。兩千多年前，馬其頓君王亞歷山大出征印度，過程中不幸斷水，亞歷山大只好派士兵出外找水。士兵找了老半天，卻只找到一杯水，雖然很想自己喝掉，但總不能兩手空空回去交差，只好拿回去獻給亞歷山大。然而，亞歷山大當著自家軍隊面前把水倒在地上，告訴大家水源已經找到，再努力點就有水喝。你看，不僅平衡雙方利益（反正大家都沒得喝），還能用簡單幾句話讓士兵在絕望中看到希望，這就是「智慧」的威力。

2. 下對上的利益平衡

再舉個歷史上的神人為例，很多業務高手都不知道怎麼擺脫功高震主的死局，不妨學學唐代名將郭子儀。郭子儀歷經唐朝好幾代皇帝，卻安然無恙得以善終，這在歷史上是非常了不起的事。他的做法很簡單：讓家中大門二十四小時全天敞開，用行動向皇帝表示自己並無二心，可隨時讓人自由進出，用低頭的方式，平衡皇帝與自己的利益關係。

三、設局請君入甕

任何體制、法令，甚至是社會風俗規範的形成，從來不是一兩個點子就能搞定，而是需要統合各方狀況，考量人力等資源調度，這就是所謂的「布局」，也就是打造一個「系統」。

比如說把妹，市場上超過八〇%的男生，都是鎖定一兩個妹子，再傾全力努力追求；**真正的高手，卻轉念把資源放在自己的事業、生活，以及個人形象的經營上，用吸引的方式讓妹子自己跳入設下的局。**用這種方式，不僅把妹的效率更高，還能同步優化自己的事業並提升自己的生活，標準的摸蛤仔兼洗褲。

懂得設局，你的事業和女人緣會出現其他阿宅一輩子想像不到的正向循環；不懂設局，只知道把妹子當作目標單點突破，或許仍有機會成功，但很可能是傷敵一千，自損八百的「慘勝」。很多人把妹連身家都賠下去了，看看那些被綠茶婊當盤子的富商們，一賠都幾千萬在噴的。

既然設局擺在第三階段，你當然要對前面兩者「揣摩人心」與「計算利益平衡」有深刻理解。「智慧」之所以無法系統化教學，關鍵原因在於腦中必須要有大量案例作為根柢，才能厚積薄發，從中參透規律。讀歷史書是個方法，但現在願意讀書的人愈來愈少了。或許你沒有閱讀習慣，但我強烈建議你至少把這本書讀完，會幫你在情場與職場上省掉很多冤枉路。

「智信仁勇嚴」VS.「溫良恭儉讓」

簡言之，只要有了「智慧」，後面的「信仁勇嚴」將隨之而來，你會根據不同情境拿出適合特質來對應，智慧將是統籌性格（演出來的也行）、手段、行事作風的真正首腦。

既然智慧這麼好用，為什麼從小老師就沒告訴我們這件事，反倒是「溫良恭儉讓」成為品德教育的核心？你去翻翻公民課本，還有政治人物講的各種幹話，多屬於溫良恭儉讓的範疇。

你當然可以說他們腦子裡沒有智慧這種東西，不僅不存在，也無法意識到智慧的重要。然而，智慧這種東西不會平空出現，它是獨立思考下的產物，而獨立思考會讓人不乖，不乖就難以掌控，多數家長、統治者都不會希望自己的孩子或人民難以掌控，這才是真實世界的真相。

也就是說，「智信仁勇嚴」是用來教領導者的帝王之學，而「溫良恭儉讓」是用來讓人民順從。身處亂世，你需要智信仁勇嚴幫你殺出重圍、翻轉階級，要創業、搞革命、在戰場上拚搏，凡是與「開創事業」有關的，都需要智信仁勇嚴助你一臂之力。溫良恭儉讓可就不同了，它會教出順民，在太平盛世的前提下，需要秩序維持穩定，這時，溫良恭儉讓就很重要了。

至於該選哪個，說到底，還是得用「智慧」去判斷，繞一大圈，終究是離不開它。

第二章

〈作戰篇〉

資源分配是很多人不願面對的現實

Chapter 2

做什麼都要資源

先衝再說

吃她的用她的

人人都有個價碼

2-1

做什麼都要資源

孫子曰：凡用兵之法，馳車千駟，革車千乘，帶甲十萬，千里饋糧，則內外之費，賓客之用，膠漆之材，車甲之奉，日費千金，然後十萬之師舉矣。

〈作戰篇〉首先告訴大家，打仗是非常花錢的！又是車又是盔甲，在古代都是資源的象徵，很多人只看得到大軍開拔的磅礡氣勢，卻不知背後要有真金白銀當作底子，即使是到了現代戰爭，這項千古不變的真理，依舊是每個領導人心中要謹慎處理的事，一顆飛彈出去，幾十億就噴了，敢輕言開戰，絕對是跟自家國庫過不去。

就算是不輕言動武的現代社會，想在文明世界裡討生活，也得付出資源換取你要的東西。現代社會的人擁有的「資源」，具體來說可以分成以下三種：

一、金錢

資源裡最直觀的一種。說到資源，大家第一個想到的就是錢，其實情有可原，吃飯要錢、把妹要錢、買手機要錢，幹什麼都要錢，你幾乎可以用錢換取一切你想要的東西。

也因此，還是有許多人把儲蓄、省吃儉用當成美德，但我要告訴大家，這是錯誤的概念。

你可以在生活周遭發現類似蠢事層出不窮，就像排隊一小時只為了買一送一的咖啡，我真的很想問問他們：**「你們的時間就這麼不值錢嗎？」**這代表你花了一小時，只為了省一兩百塊的咖啡，你的時薪就只值這點錢。

是的，在金錢之上，你還有格局更加宏大的選擇，就是「時間」。

二、時間

錢再賺就有，而且理論上賺錢的速度可以無止境提升（理論上啦），但時間可不一樣了，比爾．蓋茲跟我們一樣一天都只有二十四小時，一週也一樣只有七天，你打個電動把時間浪費掉，誰也幫不了你。

面對時間這項寶貴資源，你的態度應該如此：

1. 沒有效益的事少做

我想每個男人都承認，把妹是全天底下最花時間，也是最花錢的事，跟妹子聊天要花時間，約會也要花時間，就算開個房間，三小時過去，也等於占掉一整個時段，這段期間除非你自己是老闆，否則工作產值幾乎是零，要是不幸連小手都沒摸到，等於是時間和金錢的雙重損失。

偏偏多數男人請客、告白、送禮的把妹手法，完全就是這類蠢事，**要把妹，就得與自己的事業結合，讓事業因為把妹而往上成長，或是透過眼前妹子，認識更多妹子**，這種愈過愈爽的事也是《孫子兵法》的核心，我們之後都會講到。

2. 提高單位時間的賺錢速率

之所以不鼓勵儲蓄，實在是因為太沒效率了。我自己的心得是，當你真心想要一樣東西，存錢去買是最笨的方法，你應該從「開源」著手，提高單位時間的賺錢效率。不光是我自己對這點感同身受，我認識幾位成功翻轉階級的朋友，統統都是用這種想法讓自己成功。

因為錢再省也就那些，一個月收入十萬，能存個六萬就很厲害，你不可能收入十萬還能存十二萬；但開源的話，你要收入上百萬還是有可能的（要強調，這是理論上），兩者之間可是級數差距。

3. 用金錢換取時間

一旦你的時間開始值錢，你絕對不可能為了買「送一的咖啡浪費午休時間去排隊。就算你的時薪只有一百四十元，我也不建議為了賺多一點錢而多花時間，如果你真的很窮，打工賺錢仍是必要，但記得，能維持生活消費就好，**多出來的時間，別想著拿去換錢，看是要讀書還是上課，把時間拿來自我提升，你的思路應該要放在「開源」上，爬得夠高賺的才多。**

但在網路時代，光有時間還不夠，你的注意力才是各家廣告廠商的兵家必爭之地，動不動就跳出內容農場廢文，用狗血標題騙取你的注意力，一不小心，你就成為被人收割注意力的韭菜了。

是的，注意力是比時間更高等級的資源。

三、注意力

很多在情場沉浮的朋友，一直無法參透注意力的重要性，以致沒有好好管理自己的念頭。當你對一個妹子魂牽夢縈、費盡腦力猜想她為什麼對你已讀不回的同時，你的患得患失將連帶影響到日常生活，三不五時就開一下LINE看她到底回訊息沒有，「注意力管理」實在是多數男人沒有意識到的重要課題。

特別是有老婆或女友的男人，你們要注意，這些在你生活中有著舉足輕重地位的女人，更值

得你浪費時間。理由當然不是什麼從一而終、愛啊、專一之類的幹話，而是完全出自於現實利益的考量：

1. 另一半不爽會扯你後腿

她可能不做家事、不煮飯，甚至回家擺個臭臉給你看，你工作一天回去還要面對心情不好的另一半，原本應該是放鬆心情的避風港，現在卻變成要另外花心思處理的任務，實在不值。

2. 嚴重影響工作情緒

當你和另一半吵架，說不定連開會都要煩惱回家怎麼哄她，甚至還得特別準備小禮物來擺平這件事，會大幅分散你用來衝事業的注意力，除非你真的強勢（有錢）到她對你言聽計從，否則還是要注意她的情緒，能陪她就陪她。

這就是為什麼西方有句話叫「Happy wife, happy life」，**讓另一半爽一點，你才有心情和時間做自己想做的事**。所以，娶老婆的首選條件，應該是「講道理」，瘋狂指數低、願意講道理的女人，才「比較」可以預測，你才知道怎麼讓她開心，避免她一個不爽對你的生活產生額外負擔。

2-2

先衝再說

其用戰也貴勝，久則鈍兵挫銳，攻城則力屈，久暴師則國用不足。夫鈍兵挫銳，屈力殫貨，則諸侯乘其弊而起，雖有智者，不能善其後矣。故兵聞拙速，未睹巧之久也。夫兵久而國利者，未之有也。故不盡知用兵之害者，則不能盡知用兵之利也。

《孫子兵法》雖然是一門要你用腦的學問，但有一點倒是挺反直覺的：很多時候你必須先衝再說，也就是我們現在要說的「寧拙速，勿巧久」。

很多新創公司，無法參透「拙速」與「巧久」的區別，從一開始的布局，就注定失敗收場。

新創事業的誤區

我看過很多富二代創業，第一步往往不是在產品上投注心力，而是在排場上大肆鋪張，一出手就是豪華辦公室，請了大批員工打算開發超屌產品，同時，每個人直接提供奢華筆電，或許對員工而言是幸福企業，但身為開創事業的創業者，這絕對不是好事。你想，要給出這種規模的工作環境，再加上員工薪水，一個月恐怕是幾百萬在燒，投資者要是看到自己的錢被花在無關緊要的辦公室裝潢，而不是聚焦在產品開發上，CEO就準備在股東會議上被狗幹一番了。

開辦新創事業一定要有融資間隔（runway）的觀念，意思是你的公司在不融資的情況下能撐多久？顯然，一旦你搞排場、給員工高薪、大肆鋪張的裝潢，都是縮短runway的飲鴆止渴，你拿真金白銀在滿足內心當老闆的虛榮，但卻忘了開公司最主要的目的，其實是獲利。務實一點吧！

對治無腦虛榮心的最佳辦法，正是「拙」字。你所熟知的幾家世界知名企業，像Google、Facebook、Amazon的發跡過程，全都是從破爛車庫或小房間開始，沒有一個創辦人，一開始會把錢砸在無關緊要的事情上，而是勒緊褲帶，大家共體時艱，拚死把產品做出來再說。

喔對了，「共體時艱」這四個字，通常只有在公司草創時期才適用，如果你的公司已經在市場上存活一段時間，卻突然用共體時艱當理由，苛扣獎金或變相減薪，要麼是高層小氣，要麼是經營不善，業績開始走下坡，這種地方就不適合再待下去了，另謀他途會是更好的辦法。

順道一說，這年頭的創投，個個都精得跟鬼一樣，絕不可能讓CEO花大錢鋪張搞排場，如果你依舊想一嘗當老闆的痛快，堅持要有高大上的辦公室來襯托自己的身分，建議你別找創投拿錢，而是要找所謂創業3F（Family, Friends and Founders），你看，有個富爸爸真的很重要，可以讓富二代把創業當成扮家家酒遊戲在玩。

拙速的真諦

這裡的「拙速」與「巧久」指的是出手之後的事。「寧拙速，勿巧久」是要告訴大家，出手之後務必要迅雷不及掩耳達成目標，千萬別自以為耍帥，東繞西繞搞一堆花招，最後以失敗收場。

雖然出手要快，但不代表要輕易出手，你還是得花時間，甚至得花大部分的時間，把出手之後的風險和效益想清楚，評估、準備慢一點沒關係，但出手絕對要快，一旦出手之後還拖拖拉拉歹戲拖棚，你自以為的「巧久」只會讓你死得更快。為什麼你該拙速？至少有以下三個理由：

一、資源有限

早些年，成長駭客行銷（Growth Hacker Marketing）提出最小可行性產品（Minimum Viable Product, MVP）的概念，我覺得非常適合用來詮釋拙速一詞。最小可行性產品最強大的地方，在於只需要花一點點資源，就能知道這項產品是不是符合市場需求，不必傾注人力、物力、財力開發出自認高大上的超屌產品，最後才發現不符市場需求，所有心血都付諸流水。

「拙速」的「拙」，正是告訴大家，東西不用太好，能用就行。對多數新創公司來說，資源短缺是最大的硬傷，用ＭＶＰ的概念去開發產品，才最符合經濟效益，只要花一點點錢，把功能堪用的產品丟到市場去測試，消費者會用最真實的反應告訴你該不該繼續下去。

二、能及早停損

當你發現消費者不願對你搞出來的ＭＶＰ買單，也可以及早收手，畢竟一開始投注的成本不大，收手不玩也不會太痛，可以及早把資源投注在更重要的地方，或是重新開發新的產品。

從「及早停損」的角度來看亂槍打鳥把妹這件事，你會發現還挺有智慧的。我們男人的時間和金錢本來就十分有限，資源本應投資在成功率較高的妹子身上，這是種相當聰明的做法。但我要提醒大家，**「亂槍打鳥」應該是種心態，而不是技術，技術上是亂槍打鳥，本質上是不肯動腦**。心態上亂槍打鳥，卻是把所有女生一視同仁的豁達，是種不執著也不著相的大智慧。在妹子喜歡你之前，正妹在你心裡的重要性應該跟龍妹一樣，沒有差別。

我也不是說光有心態就好，心態正確才有資格講技術，使起招來才不會綁手綁腳。還是那句老話：一旦發現對方沒興趣，就別再浪費時間苦苦相逼，另開新局永遠比把爛局翻盤要簡單。

三、時機比實力重要

對岸有句話「站在風口上，豬也會飛」，徹底揭露時機的本質。當年臺股從一九八六年的一千點，到一九九〇年的一萬二千點，短短四年的時間，不知造就多少富翁，巷口隨便一個大媽或阿伯，只要跟到這波行情，光看大盤指數就是十倍以上的成長，但說到實力，可能隨便抓個路人的財經知識都比他們豐富，你說時機重不重要？

面對多頭市場，什麼技術分析、基本分析，甚至連內線都可以不用管，你只要飛鏢射一射，隨機選出十支股票，之後的工作就是躺著等發財，時機一對，有沒有實力根本不重要。

也就是說，只要時機一到，「拙速」的「拙」可以無止境地把下限往下修，只要你敢出手，有沒有技巧根本不是重點，重要的反而是「速」，當時機出現時，你得搶贏別人才有肉吃。

藝術家別當指揮官

小標題是我對「寧拙速，勿巧久」的總結，特別點名藝術家是因為很多都是要求完美的瘋子，東西不做到盡善盡美，絕不拿出來秀給人看，雖然這對消費者來說是好事，但就創業的角度來說就是失去先機，很多文人都有這項壞毛病。有藝術魂的人，讓他當技術長、研發長，全權負責產品開發就好，千萬別讓他當執行長，要求完美的浪漫可是會讓公司在市場上失去競爭力。

2-3

吃她的用她的

善用兵者，役不再籍，糧不三載；取用於國，因糧於敵，故軍食可足也。

國之貧於師者遠輸，遠輸則百姓貧；近於師者貴賣，貴賣則百姓財竭，財竭則急於丘役。力屈財殫，中原內虛於家。百姓之費，十去其七；公家之費，破車罷馬，甲冑矢弩，戟楯蔽櫓，丘牛大車，十去其六。

故智將務食於敵，食敵一鍾，當吾二十鍾；萁稈一石，當吾二十石。

宋代王安石曾說過一句話：「信但用孫武一二言，即能成功名。」意思是，只要能把《孫子兵法》裡的金句挑出一兩句當作座右銘認真執行，連魯蛇也能功成名就。然而，從王安石變法失敗的黯淡下場來看，頂多也只稱得上是個名人，算不上功成名就，再加上他臭脾氣和硬邦邦的處事手腕，導致樹敵一堆（其中還包括我最愛的蘇東坡，哼哼），實在很難相信他有把《孫子兵法》認真讀上好幾遍。但我們暫且不以人廢言，他說的這段話是非常有道理的。

沒錯，《孫子兵法》裡的金句，的確是絕佳的處世方針，這段原文中「取用於國，因糧於敵」八個字，正是我讀《孫子兵法》過程中非常有感的一句話，值得好好說明。

為什麼要因糧於敵？

「取用於國，因糧於敵」的意思很簡單，孫子要我們打仗時最好能直接就地取材：深入敵境時，能夠直接吃敵人的糧；搶來的兵器也能直接拿來給士兵使用，省下路途遙遠的補給工夫。在只能靠牛馬運輸的冷兵器時代，你要送一千斤的米到前線給官兵將士吃，絕不可能磅秤量個一千斤就倉促送出。送糧的官兵和牛馬需不需要吃飯？輸送過程中會不會因為車震導致糧草散落一地產生耗損？再者，要是有人貪嘴偷吃怎麼辦？上面這些都是要考慮的東西，真的只抓一千斤出去，送到前線官兵手上，恐怕剩下五百斤不到。

也就是說，要讓官兵吃到一千斤的糧，你至少得準備個二千斤才夠。這樣的輸送效率實在是很低，所以「因糧於敵」能帶來的幫助可就非常重要了，孫子提出的轉換效率比我們前面講的要更高，他認為「食敵一鐘，當吾二十鐘」，也就是二十倍的轉換效率，因糧於敵不僅方便，還能大大減低國力負擔，所以善於進攻的將領，絕對會想辦法因糧於敵[7]。而善於防守的將領，則會

7　最典型的做法是放任士兵掠奪，或者乾脆屠城。

想辦法不讓你因糧於敵，知道你打算邊打邊吃，那乾脆每退一步就把當地基礎設施燒個精光，讓你沒得吃沒得用，只好苦哈哈繼續老實補給。

情場上的因糧於敵

既然說「取用於國，因糧於敵」是能讓你受用一輩子的金句，也就不侷限於戰場上，在情場上也能適用，而因糧於敵的概念，正是許多渣男愛用的伎倆，講白了，就是花女人的錢。

先別看到「花女人的錢」這五個字就急著捧書喊打，讓我慢慢跟你說其中奧祕在哪：

一、積極主動的資源管理

〈作戰篇〉通篇都在講資源管理的重要，但前面講的多半是被動的資源分配、比重調整，消極地先從自己做起；而因糧於敵的概念，卻將資源管理的格局上升到雙方互動，把對方的資源也考慮進去。

不論你是把妹，或是把到之後打算長期交往，都要認清這是件極度消耗資源的事情，**能夠讓女生負擔一點交往成本，我敢說你的荷包不僅會比較開心，心裡也絕對會愉快許多。**

就拿開房間來說吧，以消費高昂的臺北市而言，一間有檔次的摩鐵，三小時差不多要一千二到一千五百元之間，雖然我敢說在興頭上絕對不會省這筆錢，但回歸聖人模式之後，再看看信用卡帳單，就算是有經濟能力的上班族，長期下來也是一筆不小的開銷。這個時候，如果女生自己在外面租房子，你更應該想辦法因糧於敵，把開房間這檔人生大事，轉移陣地到她家完成。

雖然我的確遇過女生願意幫忙負擔房間錢，但這種事對大多數男人來說是可遇不可求（我也是運氣好，這我承認），大家還是務實一點，從可行的地方因糧於敵比較實際。

二、願意投注資源的心理機制

在女生投注資源的同時，她的內心，以及你們兩人之間的互動框架，也會因此發生轉變。一般來說，人只要願意對某事付出資源，不論時間也好，金錢也行，或多或少會改變腦中想法，輕微的認知失調會讓她自我說服，認為自己多少對你有好感才這麼做，**只要你能讓她掏錢或花時間，多多少少能幫助她的大腦自我欺騙。**

再者，你們的框架會變得較為平等，對地位相等的兩人而言，本來就該有來有往、互相請客，而不是一方死命奉獻，另一方拚命拿好處，單方面的進貢都是在增加自身負擔，不但瘦了荷包，心裡也愈來愈幹，長久下來，你會因為花錢得不到回饋而心懷怨念，但沒人保證願意花錢就要跟你在一起啊，很多人想不透這點，於是化身為求愛不成反生恨的恐怖情人。

聰明一點的女生會知道單方面進貢的好處絕不能白拿，但大多數的傻妹或瞎妹都是先拿了再說，補個一句「都是他自己要給我」就當沒事，最後再來想辦法擦屁股。

三、拚差異化殺出血路的最佳方法

死命奉獻加請客吃飯，至今還是兩性市場上的主流把妹手法，很多男生把女生當成女神在拜，好像全世界只剩下這招能讓佳人點頭。大家要明白一個道理，**不論把妹還是創業，招式好不好使，都取決於競爭者的多寡**，如果大家都用同一招，那你再用這招繼續攪和，效果絕對不好。

倒是讓女生請客這種反直覺的事，始終沒幾個人想得到，就算想到也沒膽子使出來，但我可以告訴你，只要你敢開口要求，立馬跟這群傻屄競爭者劃清界線，用差異化讓女生印象深刻。

四、小錢可以，大錢就免了

至於大家最在意的渣男問題，其實很好避免，只要避開大錢就好，什麼投資做生意、買車、繳房貸，拜託有點志氣，自己來比較實在，如果你要把因糧於敵的概念無限上綱到這種大錢，技術上是做得到的，畢竟為愛痴狂花錢養小白臉的女生大有人在，只是這屬於詐騙教戰守則，麻煩請自行翻閱《刑法》參考更多致富方法，《孫子兵法》還沒那麼先進。

最後提醒大家，要維持長期關係或朋友間的人際相處，重點在於互有往來，**因糧於敵只是提醒你別死命奉獻的權宜之計，可只要你能意識到自我價值（也要你先有價值），自然會明白「互相」的道理**，多點誠意，少點算計，別說是把妹，職場、商場上的互動也該如此，這才是人際交往的長久之計。

2-4

人人都有個價碼

故殺敵者，怒也；取敵之利者，貨也。故車戰，得車十乘以上，賞其先得者，而更其旌旗。車雜而乘之，卒善而養之，是謂勝敵而益強。故兵貴勝，不貴久。故知兵之將，民之司命，國家安危之主也。

我曾經在臉書上看過朋友貼一則徵人文，這位朋友是個教女追男的兩性講師，她希望在自己的追男課上找一位男性助教幫忙提供建議給女學員，而她開的條件是：追喜歡的女生幾乎有七成以上把握，同時希望由女生推薦。

我記得她原文的姿態很高，對於能力也有一定要求，說找把妹高手也不為過，至少不是工讀生等級能處理的事，要是我來徵的話，時薪絕對會開到一千以上，這是對人的尊重，也才可以找到真正的高手。

然而，我這位朋友開的價碼是：三個小時含車馬費五百，外加各種被女生摸的新奇體驗。

當初我看到這則貼文，還揉了一下眼睛，以為自己少看個零，但真的沒錯，她只打算用五百元的車馬費，請一個合格的把妹達人當課堂助教，時薪不到一百七十元。為了避免是我個人主觀意見，我把這貼文給好幾位在職場打滾的朋友看，他們的感想都是三個字：「神經病！」

有點商業sense的人都知道「重賞之下，必有勇夫」的基本道理，你要請高手，也要出個配得上人家身價的價碼。我後來反覆看了這篇徵人貼文，她至少犯下好幾個慣老闆們常見的錯誤：

一、低薪

這很明顯，用工讀生的價碼想請到高手，根本是腦子有洞的一件事。

二、高姿態

一般來說，高姿態不是什麼問題，只要你的價碼是業界最高，高到天下高手都拚命想擠破頭拿這份工作，那絕對有理由高姿態。但問題是，給的時薪明明不到一百七，卻一副「老娘有錢就是任性」的嘴臉，這我真的不能接受啊！

三、邏輯有問題

用香蕉只請得到猴子，要請獅子就麻煩端出肉來。而且對把妹高手來說，「被女生摸的新奇體驗」完全沒吸引力，人家根本就不缺這種東西，很像一堆來拗免費服務的機關單位，給低薪不說，還一副施捨的態度，說這是賺曝光的好機會，拜託，真正的高手哪缺你這曝光機會呢？

要麼有錢，要麼有交情

幾千年前的《孫子兵法》老早就看出這道理，所謂「殺敵者，怒也；取敵之利者，貨也」正是告訴我們，你要請人替你賣命，要麼在商言商，拿真金白銀出來談；要麼大家好朋友，可以看在交情上，兩肋插刀幫你一把。

不論你所屬的公司多大，名片上的頭銜多響亮，**要找人替你賣命的時候，你出的價碼一定要有「金錢」或「情感」其中一樣**。出不起高價不是罪，姿態可以放低，從情感下手，例如說預算有限啦，希望有高手願意陪公子練劍浪費一下時間，換個說法，雖然本質一樣是在拗人，但被拗的人會比較舒服一些，而不是既當婊子又想立牌坊。像我這位朋友一樣，想省錢而用爛香蕉請猴子，還敢擺高姿態拿翹，說她神經病還真一點都不為過。

其實，要讓人替你賣命，大致上可以分成以下三種方法：

一、江湖聲望

最理想的狀況是，平時廣交好友，在做人做事上累積自己的江湖聲望，《水滸傳》裡的晁蓋、柴進、宋江，幾個魔王級的領導人物，平常最愛幹的就是仗義疏財、結交天下好漢，特別是有「及時雨」之名的宋江，常常讓許多素未謀面的英雄好漢，一聽到宋江大名便倒地跪拜。做人能到這種境界，別說跟你拿錢了，甚至覺得能替你賣命都是件光榮的事。

江湖聲望其實和這年代的意見領袖有點類似，又或者你在道上威名遠播，已經到了「喊水會結凍」的程度，這時自然有高手慕名而來替你賣命。

二、累積交情

畢竟不是每個人都有本事做到意見領袖，也不是每個人都可以像《水滸傳》那票頭領一樣家財萬貫，到處撒錢，廣結善緣，所以可以退而求其次，鎖定幾個目標，投其所好去累積交情。你可以先從最簡單的使用者付費開始，作為贏得對方信任的敲門磚。

當然，這事是無法臨時抱佛腳的，平常就得花時間和金錢搞公關才行。

三、在商言商

如果你真的不知道該怎麼讓人甘心替你做事，錢就是最好的方法。在貨幣誕生以前，如果想要換取對方的勞力成果，要麼以物易物，又或者是看交情。然而你會發現，以物易物實在太不方便，雖然的確有人在網路上用迴紋針換到一棟房子，但過程曠日費時，而且還有一點運氣成分在。而看交情嘛，雖然前面提到這的確是降低物質成本的好方法，但要是你身邊剛好沒有相關人才，你還是得往外找，從陌生人群裡找到適合的人才。

錢，是讓陌生人替你賣命的最佳方法。

真正厲害的高手，會做到讓人服貼又服氣

真正的高手在請人幫忙時，**就算明明和對方有交情，也算準了對方一定會看在交情上幫自己一把，但開口給的價碼可是一點都不怠慢，甚至超乎行情之高。**當然，要是對方自己降價，那又是另一回事了。

我認識好幾位商場高手，他們出價找人幫忙的思路，不光只是找專業人士解決問題這麼單純，還能兼收以下效益：

一、確保萬無一失

楚漢相爭時，劉邦手底下的超級謀士陳平，建議劉邦要先從離間項羽身邊的能人開始，才有機會讓他們自亂陣腳，再伺機突破。這顯然是要搞賄賂買通敵方陣營，沒有個萬把黃金是搞不定的，想不到劉邦問都不問，直接給陳平四萬兩黃金任憑使用，甚至他想中飽私囊也是他家的事，只要能把事情辦成，這都是應得的好處。

你看，這就是帝王的格局！

二、收買人心

順道說說一般人對「友情價」的誤解，這三個字最常被拿來當作砍價的理由，常見句型是：「誒我們都認識這麼久了，你就給個友情價算我便宜一點吧。」但懂得收買人心的高手，卻反其道而行，用比平常更高的價碼請朋友幫忙，背後的潛臺詞是這樣的：

「既然我們是朋友，我願意給你更高價碼，也希望你看在我們交情的分上，幫我做到最好。」

說真的，遇到這種雇主或業主，誰不願意賣力做到最好？而身為發包的雇主，不光是解決了問題，還獲得許多腦包一輩子無法理解，也無法用數字量化的好處——「名聲」。

請高手解決問題還能獲得名聲，天底下有這等好事？當然有，原文中「勝敵而益強」這句話，講的就是這個道理，千萬別像一開始的案例一樣鼠目寸光，省了錢卻失去了民心，還落得被我寫在書裡大酸特酸的下場，真正永垂不朽啊！

第三章

〈謀攻篇〉

開戰前的布局方法

Chapter 3

用兵最高境界

上兵伐謀的藝術

好將領的條件

自知是天底下第一難事

3-1

用兵最高境界

孫子曰：凡用兵之法，全國為上，破國次之；全軍為上，破軍次之；全旅為上，破旅次之；全卒為上，破卒次之；全伍為上，破伍次之。是故百戰百勝，非善之善者也；不戰而屈人之兵，善之善者也。

講完戰前準備，我們要逐漸進入《孫子兵法》的核心思想——「不戰而屈人之兵」。這裡要顛覆大家一個觀念：**打仗不是為了贏，打仗是為了讓自己變強**，贏不贏根本不是重點。

如果可以，最好不要打仗，雙方統帥出來單挑打一架，輸的一方直接投降，但這種事除了在《三國志》遊戲裡還偶爾能看到，真實世界是絕對不會發生，雙方肯定是豁盡全力打到人仰馬翻，好不容易贏了，才發現整片土地已經被戰火摧殘成一片廢墟，賠了兵馬糧草，贏了面子，卻輸了裡子。

「勝利」的3重境界

之所以加引號，乃是因為這是一般人認知的勝利，大家明刀明槍列陣對決，兩軍廝殺後，最後活下來的才叫「勝利者」，可如果你用計算利害來定義「勝利」，會發現三種情況：

一、最低境界：豁盡一切求取勝利

「傷敵一千，自損八百」還算是客氣了，有些人根本是為求勝利不惜一切代價，整個家當都賠下去，你看很多被酒店妹詐騙，或是「斗內」(donate）直播主而被榨乾一切的可憐宅男都屬此類，他們為了一親芳澤幾乎是有求必應，刷卡掏錢毫不手軟，「厲害」一點的還能在社會新聞上看到他們。

而且，沒有人跟你說豁盡全力就一定能獲得勝利，這種最基本的簡單邏輯一堆人卻想不透，對勝利的執著，讓人一瞬之間變成腦殘。

二、中等境界：保全自己，摧毀對方

我在情場上看過很多騙人感情的渣男，為了上床爽那一發，各種騙感情的幹話都說得出口，像「以結婚為前提」或「一起編織美好的回憶」，估計是把情歌或電影臺詞改寫一番，再拿到外

頭招搖撞騙，至於騙炮得手後對於女生的心情，當然是兩手一攤，恕不負責。

還不得不說，這種套路真的好使，單就把妹本事來說，其實渣男的本事是值得敬佩的，他們懂得用最簡單的心力來達到最大效果，以世俗定義的勝利來說，或是把鏡頭定格在兩人之間的互動，渣男絕對是贏家。

但如果把鏡頭拉遠，將格局擴展到社會層面，那可就不一樣了。有道是：「玩物喪志，玩人喪德。」**這種為求一時爽快而摧毀女生自尊的做法，最後都會反饋到自己身上。**

《孫子兵法》並不講道德，之所以要領導人秉持正道，也是從利害角度出發，從長期效益去探討事情本質。同樣是在講師圈，有位專教把妹課程的講師，用的也是「渣男騙炮法」，再加上他長得高大帥氣，在情場上簡直無往不利，號稱五百人斬以上，但最近聽說他官司纏身，許多被他騙炮上床的女生，連帶與他有財務糾紛，再加上覺得被始亂終棄，起堵爛而鬧上法庭。為了爽一炮而把生活搞得一團糟，這種日子我才不要。

三、最高境界：保全彼此的雙贏

有位在行銷圈中聲名狼藉的「行銷大神」，因為常在臉書秀名車（其實也才Ｂｅｎｚ）與發表對商場的看法，多多少少給他騙到一票追隨者，然而，和這位行銷大神合作過的客戶，沒有人會想再合作第二次，一個都沒有。

他的慣用手法很簡單，在ＫＰＩ上玩文字遊戲。比如，他承諾要找二百人來參加客戶辦的理財講座，會在所有群組廣發訊息，說有場免費講座很不錯，希望大家來捧個場，衝人氣，這些人看在他的面子上出席講座，二百人滿場真的給他達標了！問題是，人家客戶要賣的是後續課程，有理財需求的受眾才是首選，你找二百個來充場面的走路工是有屁用啊？最後當然不歡而散。

任何關係，不管是商業合作還是男女交往，都一定要認知這點：**唯有雙方都覺得能在關係中獲利或成長（最低限度是不能感到負擔），這段生意或感情才能長長久久維繫下去**，把餅做愈大，大家能分的也愈多。能做到這種境界，連白紙黑字立合約都嫌多餘。

你不讓對方有贏的感覺，是不會有人要與你繼續合作的。

為什麼要不戰而屈人之兵？

我心中對勝利的定義，只有「資源變多」這件事，換言之，**你要爭面子是你家的事，我們要的是裡子**，具備這種思維，你的格局才能瞬間升級，跳脫出小打小鬧的輸贏之爭，晉升到商業合作、國際關係這種大人在玩的遊戲裡。

一、減少資源消耗

既然「不戰」，自然也不用承擔開戰後各種資源成本的消耗，很多阿宅要把妹，第一個想到的往往是請客、送禮、接送、修電腦，投入的不光是財力物力，連拿來衝事業裡最重要的時間與注意力都賠了下去。再強調一次，這世上沒有穩賺不賠的生意，沒人保證你投資一定會有收穫，但我敢說，一旦「不戰而屈人之兵」的念頭在腦袋生根萌芽，你出手將會謹慎得多，不會像個笨蛋一樣無的放矢，再用「專情」來欺騙自己。

二、勝敵而益強

〈作戰篇〉裡最後提到的經典名句「勝敵而益強」，在〈謀攻篇〉中有了解法，你想勝敵而益強，在看似殘酷的競爭中不斷強化自己的實力，靠的正是「不戰而屈人之兵」。

兩軍對壘，最好的結果不是雙方互衝，把彼此打個稀巴爛，什麼好處都沒撈到，而是使點詭計讓對方失去戰鬥意志，或是乾脆坐下來談，讓對方雙手把城池奉上，你才能把他的物資、軍隊納入旗下，壯大自身實力。

就算實力明顯優於對方，也要時時刻刻把保全對方的念頭掛在心上，你永遠不會知道人被逼急會幹出什麼蠢事，狗急也是會跳牆的。

三、有時什麼都不做反而是正解

現代人面對懸而未決的問題，常產生一種庸人自擾的焦慮感，總以為要做點什麼，殊不知有時什麼都不幹才是正解。前陣子有位讀者到粉專私訊我，說他最近在追一個女生，但覺得女生老對他愛理不理，讓他心灰意冷，想停損認賠出場又心有不甘，問我該怎麼辦。

我建議他，把這女生放個一兩個月，不要鳥她，才有機會突破逆境。他接著又問，可要是不理她，這女生會不會覺得不夠喜歡她，之後就不再理自己了呢？媽的，會問這種問題，難怪老被女生吃死死。

「不戰而屈人之兵」雖然是戰略思維的最高境界，但也可以降低維度變成戰術手段，**你不戰、不爭、不搶，對這女生沒有展現任何需求感，等於用行為告訴她：「恁爸不缺妳一個。」**

再來，就等她自己敲你訊息了。

3-2

上兵伐謀的藝術

故上兵伐謀，其次伐交，其次伐兵，其下攻城。攻城之法為不得已。櫓轒轀具器械、三月而後成，距闉，又三月而後已。將不勝其忿，而蟻附之，殺士三分之一，而城不拔者，此攻之災也。故善用兵者，屈人之兵而非戰也。拔人之城而非攻也，破人之國而非久也，必以全爭於天下，故兵不頓，而利可全，此謀攻之法也。

孫子將打仗分成四種境界：高級的是處理對方意圖的伐謀與搞外交手段的伐交，低等的則是動刀動槍用武力蠻幹的伐兵和攻城。我說過，《孫子兵法》的核心是「求全」，所以有腦子的人第一個該想的應該是伐謀，再來是伐交，非到萬不得已，盡量別把伐兵和攻城放進選項裡。

伐謀與伐交的前提

雖然腦袋很重要，但在討論伐謀與伐交的本質之前，有個殘酷真相要先讓大家知道——**你的**

伐謀與伐交之所以有用，乃是因為你有「實力」作為後盾，但我觀察多數人之所以拚命搞小伎倆自以為伐謀，或是拚命拉攏關係自以為伐交，說到底，只是為了掩蓋自身實力的不足。

以伐謀來說，許多阿宅拚命上把妹課，要的只是獲取必勝話術，以為只要略施小計，就能讓妹子愛上自己，甚至想奪人所好，把有男友的妹子手到擒來（很多無良把妹課都會教這個），殊不知，當你一臉蓬頭垢面、身材臃腫，沒有可靠的工作和地位作為後盾，窮到連開個房間都要搞ＡＡ制，沒有正常女生會有食慾的，你再怎麼賣弄話術、使計謀，她連看都不會看你一眼。

至於伐交，這年頭很多人拚命跑社團、創業聚會，以為可以從中獲得人脈，從此翻轉人生，但卻從來不認真經營自己的事業，人家拿到名片也只是看一眼，下一秒就隨手扔到垃圾桶。有道是：「貧居鬧市無人問，富在深山有遠親。」你不是個咖，再怎麼搞交際應酬都沒有用；只有當你說話有力，人人都想巴結你時，才有資格搞伐交。

伐謀的本質

看到「謀」的字眼，大多數人對《孫子兵法》這句名言的解讀，常常停留在計謀、詭計，以為任何一種狀況都存在著一發逆轉的妙計，只要能找到方法，就算找隻猴子來執行，也能一發逆轉，藥到病除。

事實上，伐謀所伐的是對方的「謀畫」——**把他原先所想的計畫破壞掉，逼他用你的規則與你對決，這才是伐謀的內涵**。用把妹術語來說，伐謀就是破壞對方的「框架」。

你在朋友揪的唱歌局裡看到一個九分正妹，如果心裡想的是等等要用什麼開場白跟她自我介紹，那就是中了她的框架。要知道，正妹的生活可是非常多彩多姿，不用說各式社交場合總會有各種男人來找她們攀談，連走在路上都要想辦法打發前來搭訕的蒼蠅，你的開場白完全沒有用，一切都在她的謀畫之中。

但是，如果你本身實力夠，自然會有朋友幫你介紹，來自第三方的推薦永遠比自吹自擂要強上千百倍；甚至你可以跳過正妹，先找她的朋友攀談，如果她的朋友一點都不正，那效果更好，正妹遇到這種狀況，心裡想的會是：「媽的，所有的男人都巴著我不放，怎麼就他不理我，跑去找我朋友聊天？難道我對他沒有吸引力嗎？」只要她的框架被你打破，原先的謀畫被你伐掉，你之後要跟她聊天的局勢可就完全不一樣，拐個彎加點小動作，瞬間讓你贏過在場男人。

伐交的本質

伐交的典型，莫過於戰國時代蘇秦的合縱與張儀的連橫。前者是「聯合次要敵人，打擊主要敵人」，國共會戰時共產黨也用這招（我在獵女課堂上的「敵—友—我」三角模型，講的也是這件事）。後者則是想盡辦法分化敵人內部團隊，再各個擊破，在戰場、商場，甚至情場，都是千百年來屢試不爽的絕妙好招。

要特別講的是「分化」，**當你面對實力堅強的團體、聯軍，第一個要思考的，反倒不是跟對方硬幹，而是先想辦法讓他自行瓦解**，原先搬不動的大石頭只要能分成好幾顆小石子，要一顆顆踢到路旁可就簡單多了，但這裡頭可是有技術含量的，值得我來幫大家認真剖析一下：

一、如果你要分化的是上對下關係

比如你想分化老闆與參謀之間的關係，要做的事情是誘之以利，讓老闆對參謀產生懷疑，當年劉邦就是聽從陳平的離間之計，讓項羽以為范增和劉邦有掛勾，漸漸疏遠這位自家陣營的唯一大腦，間接種下兵敗身死的遠因。

二、如果你要分化的是策略聯盟，或是多國聯軍

如果你歷史夠好的話，應該不難發現許多聯軍的下場，往往不是被打敗，而是自己人打自己人，最後一哄而散收場。面對聯軍或聯盟，要做的事情很簡單，就是「拖」，只要善用人類的好鬥天性，暫時躲起來讓聯軍沒有外敵，每一方自然各懷鬼胎，想盡辦法把對方吃掉以換取最大利

益，看起來再強大的聯盟，都能透過這種方式逐一瓦解。

三、如果你要分化的是情侶

先說，熱戀期的情侶不吃分化這套，但如果已經長期交往，感情進入穩定（或者死水狀態，呵呵），那分化這招就很好使。

原因很簡單，道理就跟前面說的聯軍自行瓦解一樣，人只要一閒下來，要麼像前面講的一樣開始內鬥，要麼就像情侶會開始挑剔另一半身上的缺點，再加上女生天生就有把男人馴化成馬子狗的本性，你只要有耐心，等到他們感情穩定，再想辦法介入就好。

要知道，**馬子狗對女人是沒有吸引力的，只要對方男友被女生先行閹割，就是你最佳的出手時機。**

再論伐謀的迷思

之前有位讀者跟我在粉專聊天，提了一個很有意思的觀點：

「過去的困局就是腦內的問題，只想靠心智解決，而非靠身體的改變，然後也很驕傲，覺得我聰明就好啊，由自卑轉自傲，覺得自己不用鍛鍊身體。但後來覺得身心就是相連的，不管是身體社會學，還是第三代神經語言程式學（Neuro-Linguistic Programming, NLP），都在講類似的事情。」

說實在，我真心認為這段話是很棒的洞見，除非你像已故物理學大師史蒂芬．霍金一樣，天生有殘疾，只能靠腦袋來累積人生資本，不然，**花點時間投資自己的「氣場」，絕對可以讓你的人生大幅邁進**，甚至我會說，同一招伐謀或伐交，由不同氣場的人來使，威力也會大有差別。

氣場，也是伐謀與伐交的巨大變數之一。

3-3

好將領的條件

故用兵之法，十則圍之，五則攻之，倍則分之，敵則能戰之，少則能逃之，不若則能避之。故小敵之堅，大敵之擒也。夫將者，國之輔也。輔周則國必強，輔隙則國必弱。故君之所以患于軍者三：不知軍之不可以進，而謂之進，不知軍之不可以退，而謂之退，是為縻軍；不知三軍之事，而同三軍之政者，則軍士惑矣；不知三軍之權，而同三軍之任，則軍士疑矣。三軍既惑且疑，則諸侯之難至矣，是謂亂軍引勝。

不論是情場把妹還是商場上帶領部屬為公司的生存打拚，我們扮演的都是將領的角色，但我一直認為把妹要比在商場和職場討生活簡單，你要面對的只有自己的內心和行事準則，只要不犯低級錯誤（比如無償請客吃飯、送禮、告白），樣本數夠大，你的操作績效通常都是不錯的。

但是，商場就不是這麼回事了，沒錯，或許帶領員工的邏輯跟把妹有點像，都是在研究人心之所向與人性趨利避害的本質，可是你還多了「市場」這個超級不穩定的因素，有時大國的貿易戰一打，或是簽了愚蠢的條約，就算你把員工哄得再開心，大家願意跟你共體時艱，你還是無法與百業蕭條的市場趨勢抗衡。

一、知識真的很重要

不論進入什麼領域，預先涉獵基礎知識總是有益無害，在出手把妹之前，閱讀相關書籍，認真研究女生心理，看看其他高手的做法，或者你也可以觀察生活和網路上拚命告白又狂被打槍的「㘔男」（Average Frustrated Chump, AFC）都幹些什麼蠢事，藉此警惕自己別犯相同錯誤。喔對了，提醒大家，想獲得正確的把妹知識，絕對不要聽女生的意見[8]，你不一定要上我的課，也可以多聽聽其他把妹高手的看法，總之，想學釣魚千萬不能問魚，你應該多跟靠譜的漁夫討教。

至於創業也是一樣，不要覺得飲料店是個低成本創業的好標的，就什麼都不想一頭栽入，至少先找間店打工，從中學習倉儲、人事控管、備料等相關知識。有時我常覺得，生活在這個年代是件非常幸運的事，你幾乎可以透過網路找到大部分基礎知識，前人花十幾年的經驗累積，說不定你只要花個下午就能學到了。

8 詳見3-4〈自知是天底下第一難事〉。

順道一說，雖然有句話叫「失敗為成功之母」，但我認為這句話有點不符實際狀況，有些人告白一輩子，以為告白才是把妹的唯一聖筊，腦袋裡的漿糊恐怕早已濃得化不開，**更靠譜的方法，是從別人的失敗去警惕自己，也就是說，別人的失敗才是你的成功之母**。

二、分清可控與不可控因素

為什麼要把知識擺第一？有了知識你才能對事情發展做最基本的判斷，不會無的放矢像隻無頭蒼蠅一樣到處亂鑽，雖然人類的確是從錯誤中學得寶貴經驗，但知識能幫你縮小嘗試範圍，減少低級錯誤的發生，也能從中學到更多。

說到錯誤，我們要先搞清楚錯誤的本質，到底這錯誤是源自我們的愚蠢，還是非戰之罪。更精確地說，你要區分這是可控還是不可控的錯誤。

很多讀者朋友常常到我的粉專私訊，說跟女友相處不愉快，有沒有辦法把她調整成自己要的樣子。這是很爛的問題，既然你心中已經有個理想女友的模板，幹麼不一開始就找到你要的類型來當女友就好？很像開店前不做市場調查，不管地點是否有人流、產品有無競爭力，賠錢賠了一屁股後再來到處求救，詢問該怎麼賺錢，這些都是可控因素，沒掌握好，你只能怪自己蠢了。

但如果你女友出國不小心跟當地帥哥搞上（很多女生出國旅遊常給男友或老公戴綠帽，這大概是她們小圈圈裡隱而不宣的祕密），那就不是你能控制的事，這就像突然發生地震，把你辛辛苦苦搞出來的飲料店砸得稀巴爛一樣，屬於不可控的衰悄事件，不幸遇到，你就摸摸鼻子，別再怨天尤人，趕緊進行危機處理吧。

三、知所進退

原文用「縻軍」兩個字概括不知進退的愚蠢行為，特別是現代一堆人標榜「狼性」，好像不做點什麼就對不起自己。要「進」很簡單，只要把腦子關掉，單憑血氣之勇就行；但要「退」可不容易，需要智慧作為底氣才能退得漂亮。

進退之道本是門藝術，既然是藝術，也就很難歸納出SOP告訴你該怎麼拿捏，但我可以提供兩個學習方法幫大家掌握進退的藝術：

1. 從實戰經驗累積

大量的實戰經驗，再加上每次的事後檢討，你會得到專屬於自己心智模型的巨大資料庫，**只要你的資料庫夠龐大，可以在事情出現徵兆之前，用「直覺」來幫自己做決定**。很多身經百戰的股票操盤高手，面對盤勢會有所謂「盤感」，根本不用等到什麼黃金交叉或死亡交叉，就能準確預測市場漲跌，這便是多年累積的實戰經驗幫他們建立出的強大直覺。

但我要提醒大家，只有經過長年專業訓練累積出來的才叫「直覺」，沒經過訓練的這種心血來潮的想法，都只能稱為「妄想」。

2. 從別人的知識當作依據

很多人在面對女生對自己發的訊息已讀不回，甚至不讀不回時，常常做出錯誤的行動，變本加厲繼續丟更多訊息。我在這可以告訴大家，**只要女生對你已讀不回，你就該冷落她三天以上（甚至一週），用「退」的方式來處理**，此時躁進，只會暴露更多需求感，讓你離她愈來愈遠。

這就是我的知識，像你現在花三百多塊買這本書，裡頭就是我的知識結晶，沒有什麼事比讀書上課更能有效吸收別人的經驗了。

四、根據不同形勢決定戰法

選擇作戰的方式也是種藝術，原文僅用「十則圍之，五則攻之，倍則分之，敵則能戰之，少則能逃之，不若則能避之」短短二十八字就差不多講完了。翻成白話的意思是：

- 當你的實力明顯能壓倒對方（十倍以上的差距），就不用再搞什麼奇謀詭計，直接在他門口晃啊晃，讓他親眼見證你的可怕，再好整以暇坐等他投降。
- 如果實力雖強，但不足以讓對方投降（五倍差距），可進攻的損失也不會太大，正面硬幹是可行的，說不定打到一半，對方嚇到屁滾尿流，自己投降。
- 而如果實力差不多，打起來難分難捨，甚至傷敵一千，自損八百，吃力不討好，這時再來使用奇謀詭計引誘對方出包，增加自己的勝率。
- 至於對方比自己強的情況，就先閃再說，別拿命開玩笑，徐而圖之，以後再說。

簡單說，如果你今天是彭于晏、周杰倫等級，要把妹的話，只要把房間號碼寫在紙條上，什麼話都不用說，直接交到對方手上，時間一到她自己會來敲你房間的門；但如果你是一般人，想對正妹同事出手，那就需要知識、奇招，甚至是好的老師（比如說我哈哈哈）幫你導引才行。

至於你想把周子瑜、郭雪芙，或是這個時代任何一位主流明星美女，我只能說你讀再多的書或上再多的課都沒有用，先別作夢，想辦法讓自己變成周杰倫再說吧。

3-4

自知是天底下第一難事

故知勝有五：知可以戰與不可以戰者勝，識眾寡之用者勝，上下同欲者勝，以虞待不虞者勝，將能而君不御者勝。此五者，知勝之道也。故曰：知彼知己，百戰不殆；不知彼而知己，一勝一負；不知彼不知己，每戰必殆。

「知彼知己，百戰不殆」被後人瘋狂誤用為「知彼知己，百戰百勝」而成為名句。看清楚嘿，人家孫子根本就沒有保證你知彼知己後就一定百戰百勝，只能保證你百戰不殆。之所以會錯誤引用成「百戰百勝」，恐怕是經典名著《三國演義》的關係，在羅貫中筆下，分別被李典、鍾繇、姜維引用成「知彼知己，百戰百勝」。總之呢，你今後只要聽到有人講成百戰百勝，就可以知道他絕對沒讀過《孫子兵法》原文。

「殆」的本義

這裡我們要來說文解字一下，光「殆」這個字就可以引出許多很棒的概念。為了證明不是我胡謅，讓我引經據典賣弄一下書袋：在《孫子集註》中，包括李筌、王晳、張預等多位學者達人，對「殆」字的解釋都是「危」，甚至把「危殆」當作同義複詞來用，翻成白話文，「殆」就是危險。

所以「百戰不殆」的意思就再清楚不過了：打了上百次的仗，從來不會讓自己陷入危機。注意，這裡有學問喔，孫子只保證你不會陷入危機，可沒有保證你會贏，甚至可能會輸，但不論贏或輸，只要事前能知彼知己，你都不會讓自己陷入險境。

講成這樣你可能頭昏了，直接舉兩個例子，你就知道什麼叫「生死一瞬的贏」與「平安無事的輸」：

一、《搶救雷恩大兵》

片頭一開始，正是第二次世界大戰的著名戰役「諾曼地登陸」，自人類開始有海戰以來，登陸搶灘永遠是最慘烈的，完全只能正面硬衝敵方的機槍碉堡（而且還不知道有多少火力正等著伺候），所以電影情節一點都不誇張，子彈從頭上飛過，還會不小心被同伴飛來的手腳砸到。

所以在登陸前，連長跟你說：「雖然有高達九五%的死亡機率，但這場仗我們有很高的機率獲勝，大家別怕，衝就是了！」連長可能自以為士氣高昂，但你捫心自問，這種必勝的仗你打不打？想要活下來嘗到勝利的果實，真的只能靠運氣。

二、博望坡之戰

在《三國演義》裡，孔明被劉備請出山後的第一場仗，就是著名的「博望坡之戰」。當時，他派給趙雲的任務，是帶著老弱殘兵，跟先鋒夏侯惇隨便攪和一番，再詐敗來誘敵深入，後面自然會有人出來放火收拾。一樣，如果你是趙雲，接到這種「必敗」的任務，會不會緊張得睡不著覺？甚至擔心自己沒命？我想一定不會，因為一切都在計畫之中，即使你沒有人家趙雲高達九十八的武力，只要把每一道風險清楚地考慮進去，就不用擔心把命玩掉。

沒錯，**知彼知己能百戰不殆的關鍵，在於「風險控管」**，能夠預測到風險，進一步評估自己的風險承受能力，你就能事先決定配套措施來處理，甚至思考該不該打這場仗。

自知的3個等級

原文中講了五個知勝之道，但真正最難的，是最後總結的「知己」兩個字，也就是所謂的

「自知」。能做到真正的自知，任何專業知識都能手到擒來，只要看完以下分析，你馬上能明白為什麼我敢如此肯定：

第1級：你不知道自己不知道

不論在哪個領域，八七％的人屬於這種，絕不是我故意挑這數字嘲諷人，而是真的有這麼多的笨蛋。

我以男人把妹舉例說明，有一狗票的男人不知道這世上存在著俗稱PUA（Pick-up Artist；把妹達人）的把妹學問，來幫助自己更了解女人；大多數男人把妹，常憑藉著被媒體洗腦後不經思考的直覺，只會告白、送禮，最後被妹子打槍收場，才來哭說妹子只知道拜金、糟蹋男人。

第2級：你知道自己不知道

在情場跌跌撞撞一陣子後，有點慧根的會知道不能再繼續下去，開始意識到自己需要補強一點知識來理解真相，扎扎實實地讀書、上課，**從人性、生物演化、社會階級，全面理解女人心理的運作機制**。

雖說我認為試圖知道女人在想什麼是件很蠢的事，但從生物演化與人性規律下手，恐怕是唯一有效率的方法。可要願意追尋知識，只有在你擁有「知道自己不知道」的謙卑後，才可能踏上成為強者之路。

第3級：你知道自己的優點與缺點，也同時知道性格上的弱點

大體來說，所有人都可以用這三個等級加以區分。大多數人屬於第一級；能來到第二級，已經算是可以在社會站穩一席之地的人中之龍；至於第三級，更是絕無僅有、鳳毛麟角，恐怕要真正的神人才可到此境界。

真要說的話，大概到第二級，就可獲得讓人羨慕的世俗成就，不管你是立志當個信口開河的政客、叱吒風雲的企業CEO，或是玩遍女人的百人斬情場浪子，第二級的自知，能幫你獲得一切所需要的知識，在職場或情場之路上披荊斬棘，勇往直前。

既然這樣，大家心裡應該會想：他媽的，那我到第二級就好啦，何必到第三級？事實上，第三級的自知能幫你真正理解自己的一切，讓你擁有上天所賦予人類身為萬物之靈最獨特的禮物——**內心平靜**。我看過很多老人家，年輕時縱橫商場，累積萬貫家財，但老的時候太過相信自己的判斷，被覬覦家產的兒子媳婦抓住弱點，牽著鼻子走，又礙於面子，不肯承認自己的錯誤，最後被不肖子孫敗光家產，連自己養老的棺材本都賠進去。

能承認自己的性格弱點，將大幅提高人生劃下完美句點的機率。許多追求豐功偉業的男人，恐怕一輩子都沒想過這個問題——原來「善終」並不容易。

為什麼不該跟女人學把妹？

最後跟大家聊聊這個千年大哉問，很多追著正妹粉專的阿宅，他們的邏輯非常單純：

我想把妹→正妹們開出擇偶標準→只要符合她們開的條件，我也能把到

有實際操作經驗的，一定知道這根本不可能發生，就算她開的十個條件你達成十一個，最後的結果還是ＬＪＢＦ（Let's just be friends）。

為什麼會這樣？特別是善於理性思考的工程師族群，恐怕一輩子都參不透這道理，因為：

- 女人是感性的動物，甚至是被情緒牽著走的一群。
- 女人的自知能力恐怕比男人更低，要她們跳脫自身框架去看待一件事恐怕難如登天。
- 女人壓根兒不知道自己為什麼被吸引。

這也可以解釋為什麼總是有女人被家暴渣男吸引，就算身邊好友死命苦勸，她還是像腦子進水一樣不離不棄。你把以上這三點多讀幾次，回憶一下跟女生相處聊天的狀況，一定會更有共鳴。

女人會告訴你，她們討厭渣男，喜歡好男人，甚至可以細數渣男的十大罪狀，以及好男友該具備的十個條件，但她們真正做出來的，卻是常向渣男投懷送抱，對真正的好男人回敬LJBF四個大字。

所以嘍，以情場來說，**理解女人的思想特色，是「知彼」的工夫；而理解你自己的實力、思維，甚至是性格缺點，則是「知己」的工夫**。兩者合一，才能保證你在情場之路上走得順遂，就算不小心跌跤，也是無傷大雅的皮肉之傷，拍拍屁股站起來就好嘍。

第四章

〈軍形篇〉

如何讓自己穩居優勢？

Chapter 4

敵人出包你才有機會贏

攻守新思維

先贏了再打

超越完美的苛求

4-1

敵人出包你才有機會贏

孫子曰：昔之善戰者，先為不可勝，以待敵之可勝。不可勝在己，可勝在敵。故善戰者，能為不可勝，不能使敵之必可勝。故曰：勝可知，而不可為。

從〈軍形篇〉開始，可是真槍實彈上戰場開打了，除了先前累積的實力，透過〈軍形篇〉以及之後的〈兵勢篇〉和〈虛實篇〉各項原則，不光是避免犯下低級錯誤，也能把實力發揮到極限，甚至超越極限。

這裡要先破除一個對勝敗的迷思：沒讀過《孫子兵法》的人，會以為兩軍打仗只是把士兵一字排開，一聲令下雙方開幹，兵多將廣的一方自然得勝，本錢雄厚的一方本來就沒有輸的理由，這種想法非常直觀，理論上也很合理。

但真的是這樣嗎？如果打仗和運動競賽完全看本錢，孫子寫到〈謀攻篇〉就可以停筆交卷了；事實上，打仗完全不是這麼一回事，其中的變數可是非常多，你唯一能掌控的，只有你自己。

勝利的本質

在這段原文中，最重要的莫過於「先為不可勝，以待敵之可勝」這句話。孫子告訴我們，要打勝仗必須做到兩件事：

- 詳細規畫戰略與布署，讓自己不被戰勝。
- 敵人必須露出破綻，你也要看準破綻，把他往死裡打才能得勝。

但如果讓我解讀的話，我會細分成以下四個步驟：

- 站在敵人角度思考，知道自己什麼地方是弱點。
- 根據自己的弱點嚴加防備，確保自己成為無法被戰勝的金剛不壞之身。
- 好好活著，耐心等待。
- 只要敵人露出破綻，一樣抓緊破綻往死裡打。

我當初讀《孫子兵法》這段原文，還沒啥感覺，直到出社會打滾一陣子，再參照歷史上種種有名戰役，把人事物都拿來對照一番，完全可以斷定《孫子兵法》這兩句話已經道破天機，天底下所有的「勝利」都長這模樣，情場、商場、職場，全部適用，這就是勝敗本質的規律！

所謂的低級錯誤

「低級錯誤」這四個字，應該有人不明就裡，想說犯錯就犯錯，還有分低級和高級？有，當然有，在我的認知裡，低級錯誤分成以下兩種情況：

一、高手不會犯的錯

比如籃球比賽中，抄到對方傳球來反向快攻，理論上在無人防守下，要怎麼肆虐對手的籃框都是你家的事，你可以常常在大學系隊比賽裡，看到無人防守的快攻上籃放槍；可是在NBA等級的絕頂高手殿堂，可以說幾乎看不到這種情形發生。

二、會讓你出局的錯

拿情場為例，很多沒經驗的宅男，喜歡把告白當成自己的逆轉絕技，以為只要像偶像劇一樣，氣集滿後把話說出來，從此王子和公主就能過著幸福快樂的日子；殊不知告白失敗的下場，就是逼女生跟你劃清界線，一句ＬＪＢＦ把你打發掉，從此再也沒有機會跟她互動。

那有沒有告白成功的時候？當然有，但我要說，**通常告白成功的情況，你不告白也會成功**，啊人家女生都已經喜歡你了，你做什麼都會成功好嗎！

「先為不可勝」這句話，就是要我們完全避免低級錯誤，在戰場上活著，之後耐心等待，找機會反撲。

撐久了就是你的？

但話又說回來，避免犯下低級錯誤，就代表一定會成功嗎？特別是「戲棚底下站久了，機會就是你的」這句話，可是很多人的精神支柱，讓人在咬牙忍受痛苦的同時，為了維持心中的希望之火不致熄滅，繼續撐下去。

「願意等待」是種可貴又值得尊敬的人格特質，在追求速成的年代，講求立竿見影的療效已經成為各種文案的標準配備，願意等待的人，在追求成功之路上已經贏過大部分的人了。

然而，這不代表願意等待就能與成功劃上等號，在願意等待的前提下，你還必須讓下面三件事成立才行：

- 機會出現。
- 能意識到機會出現。
- 能抓住機會。

上述三者必須同時成立，這難度非常高。首先，機會要出現，必須要有足夠的運氣；要認知機會已經出現或即將出現，必須要有見識和眼光才能幫你辨識；至於抓住機會，你需要的是執行力。運氣、頭腦、手段，三者缺一不可。

不告白該怎麼辦？

前面提到告白這件蠢事，就繼續拿它當例子吧。把妹新手讀到這裡，也許會想：喔！既然告白是天底下第一爛招，那我老老實實跟她從朋友做起，每天噓寒問暖、照三餐當工具人送飯給她吃，但就是死不告白，用行動默默感動她，這樣總行了吧？

大錯特錯。甚至我要說，這方式更爛，人家告白是用嘴巴告白，你他媽這叫用行動告白，行動永遠比言語的力量更大，除非你今天遇到吃人不吐骨頭的綠茶婊妹子，好處全拿但永遠不給你牽到手，否則個性好的女生，肯定會感受到你強烈示好背後的各種壓力，最後離你而去。

那要怎麼把「先為不可勝，以待敵之可勝」用到把妹情境裡呢？

一、基本功

首先你的兵馬糧草要足、武器裝備要好，也就是說，沒事多賺點錢累積自己的把妹資本，雖然你不該沒事請客吃飯和送禮，但總不能跟人家開房間還要求AA制吧？除此之外，外型與談吐也要打理，這些都是〈始計篇〉就該意識到的基本功，這裡就不再多提了。

二、正確撩妹

如果是一般新手，就照著前面的建議，打死都不要告白就對了。但如果是對自己的外型、談吐、氣場有自信的高手，可以不用拘泥告白兩字。應該這麼說，你的確不該跟偶像劇一樣正經八百地告白，但可以按照我獵女課堂上給大家的範例：**若有似無地對女生示好，時不時用輕鬆詼諧的態度釋出好感，這招跟告白最大的差別是，正確的撩妹能讓女生感受到「恁爸不缺妳一個」**，既然都「不缺妳一個」，會不會被打槍你也不在意，能做到這樣，在情場上才是真正的不可勝之軀！

三、抓住時機

與妹子保持良好互動過程中，說不定她哪天空虛寂寞覺得冷、跟男友吵架、工作不順利，傳訊息跟你說想找人喝酒，**你可要有足夠的敏銳度意識到機會來了，千萬要放下手邊工作，把對方約出來喝兩杯**，這種千載難逢的機會可是稍縱即逝，哪天她頭腦清醒了，可能就再也不會提這種邀約。看到敵人露出破綻，就要抓準時機猛烈進攻，別輕易放過。

最後再補充一點，「先為不可勝」這五個字，並不是說一定要做什麼事讓自己立於不敗之地，更多時候你應該反向思考，做了什麼蠢事會讓自己死無葬身之地，這才是關鍵。

4-2

攻守新思維

不可勝者，守也；可勝者，攻也。守則不足，攻則有餘。善守者藏於九地之下，善攻者動於九天之上，故能自保而全勝也。

前面講一大堆，說穿了也就「攻守」兩字，當你發現自己資源不夠、打不贏，又或者敵人完全沒有可趁之機，最好的做法是「守」，守到自己不被戰勝，看到敵人出包再猛烈進攻、戰勝敵人，與「先為不可勝，以待敵之可勝」緊密呼應。

不過，一般人聽到「攻守」二字，會直覺認為「守」是龜縮、是躲在城裡避門不出的懦弱行為；而「攻」就man多了，像棒球比賽的全壘打宣言，拿著球棒指向外野，就算先向對手預告自己的攻擊目標，對方想防守也完全無計可施，這種只有在日本熱血漫畫才會出現的情節，恐怕是每個男人心中最豪氣干雲的浪漫。

先把你的英雄夢收一收吧！《孫子兵法》是務實的戰爭藝術，漫畫式的攻守概念就留在漫畫書裡，不要拿出來丟人現眼，真正的智者才不是這樣打仗的。

極致的防守

我小時候玩角色扮演遊戲，最喜歡野蠻人或戰士之類的角色，這種角色有著厚重裝甲、巨型盾牌，防禦模式架出來、嘲諷一開，就算所有的怪都往身上招呼，打在身上也不痛不癢，再拿起武器大殺四方，實在有夠爽！

但後來年紀增長，發現情場、職場、商場很多事不能這樣處理，就算你真的準備萬全，但要是不夠低調，過於張揚又樹大招風，每天光應付來魯瀨的阿貓阿狗就應付不完了，哪有心力做正事？打電動玩戰士有補師可以罩，但現實生活裡可沒這種東西，要是弄得滿身傷，我還是得自己舔傷口啊。

所以後來我打電動，再也不玩戰士了，轉而投向弓箭手或盜賊之類的下流角色（自詡光明正大，常常覺得暗箭傷人的是下流角色）。這類角色有個特色，要麼躲在遠方，要麼躲在暗處，總之敵人無法察覺你的存在，只要趁敵人不留神，在遠處給他一箭，或是繞到背後賞他一刀，運氣好的話給你賺個暴擊，他的血一次就扣半條，而你的血還是滿的。

我後來終於領悟，這才是最高境界的防守：**人家根本不把你當敵人，自然壓根兒想不到要提**

防你的突襲！

這套打電動悟出的防守模型非常好用，完全可以套用在把妹情境裡，如果今天你的目標很多人追，你有以下兩種防守策略可以用：

一、躲在暗處

最基本的當然是隱藏意圖，如果你傻傻認為把妹理當無止境付出，用告白送禮向她示好，等於是站到怪前面開嘲諷，叫他來揍你。**對妹子而言，顯露意圖等於給她拒絕你的機會**，她只要不接受你的請客吃飯和送禮物，也等於給你軟釘子碰，更不用說外面一堆吃人不吐骨頭的綠茶婊。

再者，**顯露意圖也會讓你陷入與其他競爭者相同的困境**，優質妹絕對不缺你一個只會靠請客吃飯送小禮物的追求者，但只要你做了這些事，瞬間落入滿是競爭者的困境，在她心中你只是眾多追求者之一，而不是你自己。

隱藏你的意圖，上床前絕不送禮，平常互動再找機會撩她一下，才是高手做法。

二、躲在主坦背後

通常戰士擔任的是重要的主坦角色，拿著劍和盾開嘲諷吸引怪物注意，扛下所有攻擊，讓後面的弓箭手和盜賊不用擔心被怪找麻煩，可以火力全開，拚命打怪，這才是完美的攻守組合。問題是，你要到哪生主坦呢？別擔心，只要你能隱藏意圖，在暗處躲好，**其他追求者（同時也是妹子的工具人）就是你最好的主坦，可以幫你扛下許多對你不利的攻擊**。

我常跟上課學員說，**絕對絕對絕對不要當女生的情緒垃圾桶**，任何形式都不要，不光是當面互動，連聊ＬＩＮＥ、講語音都是，你以為女生對你敞開心胸，實際上卻是把你跟她的負面情緒綁在一起，從此以後，只要她想到負面情緒就會想到你，而看到你也只會喚起她的負面情緒，你將永遠上不了她的床。

但這有個技術性問題：要是女生自己開口，要找我們聊這些負面鳥事，該怎麼處理才好？

- 首先放下悲天憫人的英雄情懷，你是來把妹，不是來拯救她，要救她請等你把到她之後再說。
- 隨便找個理由說你要忙或幹麼，反正找機會脫身就對了，女生多半是被情緒驅動的金魚腦，不會記得這件事，不用太擔心。況且與她非親非故，本來就沒有義務聽她抱怨。
- 接著，她一定會找其他人繼續抱怨，讓情緒得以發洩。你放心吧，那些沒買這本書的阿宅，一定很樂於聽女生跟他聊「心事」，這些工具人會成為你最好的主坦，幫你擋下所有攻擊。

其他像接送或送生日小禮物等，都可以用主坦的概念去處理，反正有別人會做，根本不差你這份，何必徒傷成本做些沒效益的事呢？

極致的攻擊

講完了防守，我們來講講攻擊。其實原文「善守者藏於九地之下，善攻者動於九天之上」這兩句用得非常好，「九」在文言文中向來代表最多的意思，「善守者藏於九地之下」意思是守到你無法察覺他的存在，而「善攻者動於九天之上」則是要你居高臨下，用無法捉摸與預料的方式給對方致命打擊。

最極致的攻擊，不是明刀明槍把陣勢列開，雖然很man，但一點效率都沒有。前面講的躲在遠處放冷箭和背刺或許沾到邊，可依舊不是最高境界。最極致的攻擊方式，叫「降維打擊」。也就是說，你與敵人的武器裝備處於不同維度，你用的是飛機大砲加洲際飛彈，他還在用大刀長矛加盾牌，由高維打低維，自然是摧枯拉朽，就算他知道你要從哪裡打、什麼時候打，也完全拿你沒轍，低維的一方毫無招架之力。

而尷尬的是，**當你身處低維，必須要有強大的「後設認知」**（Metacognition，**也可翻成元認知）能力，意識到自己的認知過程，才能跳脫出低維的框架，去研發高維的武器。**他媽的，要承認自己的無能已經夠難了，還要拍掉身上灰塵往高維武器邁進，更是難上加難。

追根究柢，思維才是最強大的武器。拿把妹來說，**話術、開場白、搭訕技巧，這些都是細枝末節的低維思想；真正高維的思想乾貨，你必須從社會文化、媒體影響、政治、演化心理學等全方面探討，掌握高維的思想武器**，同時貫徹實行，如此一來，你完全不必到外頭冒著風雨把妹，待在家妹子都會找你。

真正的攻擊，其實是非常省事的。

4-3

先贏了再打

見勝不過眾人之所知，非善之善者也；戰勝而天下曰善，非善之善者也。故舉秋毫不為多力，見日月不為明目，聞雷霆不為聰耳。古之所謂善戰者，勝於易勝者也。故善戰者之勝也，無智名，無勇功，故其戰勝不忒。不忒者，其所措勝，勝已敗者也。故善戰者，立於不敗之地，而不失敵之敗也。是故勝兵先勝而後求戰，敗兵先戰而後求勝。

這段原文帶出《孫子兵法》裡非常重要的核心觀念，也是我個人開始讀兵法、戰略相關知識後，受用一生的名句：**「勝兵先勝而後求戰，敗兵先戰而後求勝。」**如果你是金魚腦，整部《孫子兵法》只能記住一句話，那這句話是你最該記住的。

拜體育競賽所賜，大多數人對勝敗的理解，往往只停留在上場較勁的那一刻，經典漫畫《灌籃高手》裡的三井壽也說，要當個永不放棄的男人。因此大家以為所謂勝敗，還真可以靠場上的隨機應變與心理素質來決定，至少日本熱血漫畫都這樣演，每個主角都用這種方式逆轉得勝。

我不是說隨機應變與心理素質不重要，但這僅在同一等級或維度的競技之間才會起作用，要你跟泰森來場拳擊比賽，就算你再會隨機應變，也有著鋼鐵般永不屈服的意志，只要他的拳頭掃過你的身體，也絕對無法違背物理特性，該躺下讀秒的你是不可能靠意志力站起來的。

而且我相信，你隨便問任何一個人和泰森上場比拳擊誰會贏，十個有十一個會說是泰森，「打了才知道鹿死誰手」的模型，在這根本派不上用場。就算是現役的業餘好手，我也不認為有哪個敢誇口說自己能在泰森拳下撐過十秒，即使人家泰森已經五十幾歲。

這就是實力的重要，實力遠超過對方，還不用打就已經「贏」了，後面開打只是把這件事付諸實現而已。所謂「勝兵先勝而後求戰」，也是告訴我們要先奠定一切勝利基礎，**只有確定必勝，才有開打的必要**。而「敗兵先戰而後求勝」，則是指那些不經考慮就胡亂開打的笨蛋，上了場才祈禱上帝之手出現，希望運氣幫自己獲勝。

別忘了，實力是用來捏死運氣的，中華棒球隊整天嚷著要打贏日本，但內行人都知道實力差了三個級數以上，要打贏日本隊除了靠運氣，還得指望人家派出社會人業餘球隊才有機會獲勝。

先勝後戰，往往稀鬆平常

然而，先勝後戰雖然是很棒也很務實的觀念，但缺點是沒那麼帥，對許多追求目光、力求精彩表現的中二病患者來說，實在不是個耍帥的最佳選項。這就是為什麼原文特別提到「故善戰者之勝也，無智名，無勇功」，真正會打仗的人，一切看起來是那麼稀鬆平常，一點都不吸引人，外行人甚至連多看一眼都不願意，最高境界的勝利方式，就是這麼樸實無華，毫無看頭。

而穩操勝券的關鍵，還是在基本功的累積，臺上一分鐘，臺下十年功，你想力求一分鐘的完美表現，靠的是日積月累的練習和準備工夫，只有極力拉大與對手的維度差距，讓局勢成為高維打低維的絕對優勢，勝利才會摧枯拉朽，唾手可得。

外行人的迷思

讀到這裡，希望大家的腦袋已經開始具備正確的勝負思維，看到一場輕鬆完虐的比賽，能夠不被表相所迷惑，認真思考「他為什麼贏得那麼輕鬆」，而不是像酸民一樣，只會把勝利關鍵歸給「他是誰」，而無視他所做的一切努力。

很多酸民常覺得，身為帥哥把到妹實在沒什麼好屌的，帥哥型男教把妹，都是因為機體強而已，跟把妹技術沒什麼關係；反倒醜男胖子教把妹才有說服力，甚至據我所知，連女生教追男的講師裡，也開始出現龍妹教追男的歪風。為什麼說是歪風，待我一一道來。

外型本是兩性市場上決定競爭力的關鍵因素之一，一般而言，成功交往是從外型加內在的分數總和去判斷，**捨棄努力經營外型，只想用內在吸引對方，你需要很高的內在分數才行——前提是你真的有辦法在內在拿高分。**

不光是我的課會強調外型的重要，所有歐美的把妹流派，包括把妹達人祖師爺「謎男」（Mystery），在他的書中開宗明義就點出要先有吸引人的外型，不見得要帥，但可以靠健身、靠打扮讓自己更有型。

但對大多數人來說，要具備好看的外型似乎是件遙不可及的事，也因此許多寫兩性廢文騙讚騙分享的作家，會避而不談外型的重要，老愛講一堆「愛自己」或「你一定會遇到欣賞你的人」之類的幹話，成為呵護你玻璃心的共犯。我在這可以告訴你：外型他媽的超級重要！**你想在感情之路上走得順遂，請一定要花時間投資外貌，至少可以透過健身房和飲食控制把身材練好吧。**

要努力到什麼程度才夠？

有些女生會說：啊我不求男生要多帥，只要有個六十分，或是看得順眼就行。像這類幹話，反倒成為許多男人不努力的藉口，他們總會說：「誒幹，人家女生都這麼說了，又何必把自己弄得太帥？飲食控制很辛苦，上健身房可是花錢找罪受啊。」

首先，你最好真的有長太帥的問題，我相信沒人會嫌自己長得太好看，別講得好像你真的有辦法把自己變多帥一樣。

再來，請把這句話記在心裡：**要判斷女生的真實想法，別聽她講什麼，要看她做什麼**。帥哥跟醜男哪個比較有把妹優勢？對照一下這兩者身邊的伴侶等級就知道差異，真實的情況是，帥哥身邊還是以正妹居多。

最後，你倒是告訴我，女生口中的「六十分」和「順眼」要怎麼定義？如果她說的是真的（注意這個前提，不懂的話請參考上一段話），萬一她的六十分其實是金城武或黃曉明等級，你不就沒轍了嗎？

所以最正確的做法，就是不要管這麼多，想辦法提升自己外型上的優勢。把這概念延伸下去，你也應該全方位提升自己擇偶上的各項競爭力，不光外貌，包括談吐、歷練、穿著、經濟能力，能變多強就變多強。別忘了，優質的女生肯定是一堆人在追，**你根本無法掌控競爭者的等級，提升自己的勝率才是一勞永逸的正確做法**。

只要你的各項指標都能輾壓每一位競爭者，妹子是有眼睛的，她自己會知道要選誰，你不用像其他人一樣天天ＬＩＮＥ她，或是三不五時關心她，她一樣會把你惦記在心裡，這場仗根本還沒開打，你就已經贏過其他人了。

4-4 超越完美的苛求

善用兵者，修道而保法，故能為勝敗之政。兵法：一曰度，二曰量，三曰數，四曰稱，五曰勝。地生度，度生量，量生數，數生稱，稱生勝。故勝兵若以鎰稱銖，敗兵若以銖稱鎰。勝者之戰民也，若決積水于千仞之谿者，形也。

我們常講的「形勢」和「看情形」，這兩個詞共有的「形」字正出自《孫子兵法》的〈軍形篇〉，講的是資源配置的重要。資源本身是靜態的，你平時的準備決定資源多寡；而資源配置是動態的，你要根據實際狀況把資源花在刀口上，提高成功率，這留待下一章〈兵勢篇〉再說。

然而，〈軍形篇〉談的基本面與〈始計篇〉講的基本面略有不同，讓我花點篇幅解釋一下。

平時與戰時的基本面積累

〈始計篇〉講的是你平常的積累，也就是一個人的底氣、談吐、氣質，這些東西會從你讀的書（如果你有在讀書的話）、思維方式、歷練、運動、作息等各方面真實不虛地呈現，有些人明明長得五官端正，但一開口就讓人倒陽，原因也在此，啊就不讀書嘛，既然自甘墮落要當腦包，再加上死不運動，一臉精神萎靡的鳥樣，會有這結果也是剛好而已。

而〈軍形篇〉講的基本面就有點目的性了，比如說要把妹，你需要對女生的想法有點基本認識（推薦演化心理學、行為心理學、社會心理學三大學門），還需要有水準之上的外貌引人注意，再加上一點點不要臉的勇氣，你的致勝之形才有基本輪廓。

創業也是如此，只有極少數的新興產業能讓你像矽谷科技新貴一樣，大學沒畢業直接把車庫當公司辦公室來用；大多數都必須從基層做起，累積個八到十年的經驗，順便存點資本以備不時之需，才具備在商場上與人廝殺的資格。

具體地說，戰時基本面的積累，其實是平時基本面的延伸，兩者的共通點是都需要花大量時間經營。厲害的創業家，往往具備深厚的人文素養，甚至我會說，**有著深厚的人文素養，到哪個領域都能橫行無阻**，「無用之用」的大用，常常在你想不到的時候幫你一把。原文「修道而保法，故能為勝敗之政」其實是〈始計篇〉的延伸，戰爭中你要調度兵馬，也要先有兵馬，那兵馬從哪來？還不得靠老百姓納稅才有錢去徵兵買馬，兩者的基本面其實是密不可分。

決定致勝之形的關鍵

一、愈早準備愈好

臨時抱佛腳永遠不是正道，就算你因此成功也跟抱佛腳沒關係，不過是運氣好罷了，換隻猴子來做也一樣會成功。基本面是不講運氣的，甚至你應該摒除一切好運發生的可能性，用最壞的狀況來準備。有句話叫「時間花在哪裡，成就就在哪裡」，簡直完美道出基本面殘酷的現實。

所以，願意比別人花更多時間準備，會成為致勝的第一個關鍵，既然每個人一天都只有二十四小時，那愈早準備當然勝率愈大。你以為莫札特天生就是音樂神童嗎？人家老爸可是教廷御用的交響樂團成員，是標準的音樂世家，從出生就開始耳濡目染，當然有更大機會成名，你把莫札特丟到一般農民家庭裡，不用指望他靠著鋤頭變成音樂家。

二、主動與被動的拿捏

主動與被動講的是心態，而心態會決定你是否走在正確道路上。如果是平時的基本面積累，那「氣長」會是最重要的事，你必須擁有從生活事件中體悟道理的本事，或者是把自我提升融入日常生活裡，用吃飯搭車的空檔抓時間閱讀，一個人在麥當勞閒坐時，也可以偷聽別桌講話去思考人生，所謂的歷練與境界，正是在這些微不足道的小事上，一點一滴逐漸積累。

正因為你每時每刻都在自我提升，就不能用太高的強度標準去要求，否則很快就會像我一樣白髮暴增（幹沒辦法我要寫書），被動無為的心態是最適合的，日了悠閒地過，用笑看紅塵的態度去領略人生，這就叫「世事洞明皆學問，人情練達即文章」。

但如果是戰時，那就要換個心態，因為目的性明確，首重「效率」，必須針對性地去提升相對應能力。你想把妹，總不會以為學哲學會有用吧？跟妹子講邏輯？跟她玩蘇格拉底式的辯論？別鬧了。當然我不是說哲學沒用，哲學在我心中是地位非常崇高的學問，是提升一個人腦袋的最佳選擇，腦袋好，把妹也不會差到哪裡去；但哲學的培育期非常的長，只適合用在平時的基本面準備上，**用哲學來把妹，你會緩不濟急，遠水救不了近火**。

有明確目的，直接找相關學問來看才是正解，**以把妹來說，前面講的心理學是很好的選擇**，剩下就是深耕的工夫了。像你想搞餐飲業，或許讀經濟學會有幫助，但直接找間餐廳打工，從物流、動線、人事管理學起，我想會更加實際。

三、比完美更完美

我自己在打拳的時候有非常深刻的體認，不論練習時動作再好、再順暢，上場打擂臺，一定會再打個六到七折，甚至更慘會掉到五折，場下準備從來就不等於場上表現，甚至會有段不小差距！當你遇到這種狀況時，千萬不要覺得受挫而放棄，這是常態，是每個人都會遇到的鳥事。

具體做法有兩種，一種是提高練習強度，平常練一千拳，那就加到一千五百拳，用高強度的練習讓動作內化，上場後自然能不假思索做出漂亮動作。第二種方法是提高心理素質，動作走鐘並不是練習不夠，而是太過緊張造成過度僵硬，能用輕鬆心態去面對，問題自然迎刃而解。

但不論是技術練習或是心態練習，兩者都有個共通原則：比完美更完美。如果你希望場上表現有八十分，那練習時最好能做到一百二十分以上，留點空間當作緩衝機制，就算出包了，一樣能打敗敵人。你也別因為場下與場上的表現有差距而感到沮喪，這段差距會因為你的實戰經驗累積而逐漸縮小，原本準備一百二十分只能表現出八十分，但隨著心理素質與技術的提升，你也漸漸進入高手境界，原本準備的一百二十分能提高到九十、一百，甚至一百一十分。

那為什麼高手始終是鳳毛麟角，永遠是那幾個人在爭來爭去呢？事實是沒人想認真積累基本功，人人都想拿武林祕笈，但就算拿到了，肯認真練的卻沒幾個，電影《一代宗師》有句話我很喜歡：**「念念不忘，必有迴響。」**練習和準備絕不會騙人，扎實的基本功才是致勝之形中最值得仰賴的後盾，沒有之一。

第五章

〈兵勢篇〉

搞懂奇正之變，成為人生勝利組

Chapter 5

站在風口上，豬也會飛

該出正兵還是奇兵

行銷與產品哪個重要

奇正公式

不同階段的奇正比例

5-1

站在風口上，豬也會飛

孫子曰：凡治眾如治寡，分數是也；鬥眾如鬥寡，形名是也；三軍之眾，可使必受敵而無敗，奇正是也；兵之所加，如以碫投卵者，虛實是也。

從這篇開始，可以從《孫子兵法》裡讀出《老子道德經》的一點味道，像「奇正」一詞，最早也是出自《老子道德經》裡的「以正治國，以奇用兵」，足可見到當時諸子百家相互輝映、蓬勃發展的盛況。

至於〈兵勢篇〉標題提到「勢」的概念，曹操的注解是「用兵任勢也」，意思正是「靠勢」，甚至我會說，不光是帶兵打仗，「靠勢」更是做任何事之前需要先觀察與考慮的事。或許有人會覺得「靠勢」一詞在臺語中有貶義的意思，但其實是非常聰明的做法。「站在風口上，豬也會飛」是小米創辦人雷軍的名言，也是在強調「勢」的重要，「靠勢」一點都不簡單，不光要判斷出勢的所在，還得在勢出現之前先站在風口等才行，否則時機晚了，你想靠勢還得看人家面子，捧著銀子送上門還不一定有人鳥你。

不過，有兩句名言倒是點出其不同內涵：「識時務者為俊傑」vs.「英雄造時勢」。前者頗有見機行事的意味，周星馳電影《九品芝麻官》裡機靈的尚書大人深諳此道，可說是箇中翹楚；而後者可是許多左膠熱血青年的信條，認為人定勝天，機會是靠雙手創造出來的！

到底哪個才是對的呢？

靠勢與造勢

我認為〈兵勢篇〉講的勢，比較接近「造勢」的意思，像之後要講的「奇正」，也是透過奇兵與正兵的搭配，創造出原先不存在的強大勢能，藉以征服敵人。但這不代表「靠勢」不重要，而是使用時機與格局的不同。具體地說，在你投入戰場前，要先觀察勢在哪，能靠就靠；但投入戰場後，你可不能到處靠勢了，要想辦法製造出有利自己的勢，去創造利潤。

前陣子很紅的夾娃娃機，就是典型的靠勢獲利，前期有跟到的幾乎都能賺到錢，身為場主只要率先租個好地段，再用點話術糊弄臺主進駐，自然可以坐收租金賺錢，但這種勢來得快去得也快，只有先期進入市場的能從中獲利，估計各位讀者看到這段文字的時候，夾娃娃機的風潮應該已經消失殆盡，店也倒得差不多了。

面對時代趨勢、市場走向，你只能靠勢，想與潮流或市場對幹，絕對不會有好下場，市場才是最好的老師。**只有在已經靠勢成功的前提下，你才需要造勢來幫自己跟其他競爭者拉開差距**，身為娃娃機臺的場主，要怎麼唬爛更多臺主進駐你的店，或是讓更多客人光顧投錢，這些都需要方法，靠的是造勢的工夫。

網路時代的造勢方法

撇開夾娃娃機這種賺快錢（你要說騙錢也行）的炒短線做法不說，如果你想開始賣自己的產品、尋找志同道合的夥伴創業、累積自己的支持者或忠實消費者，恭喜你，在人手一臺智慧型手機的年代，網路就是你最好的工具，只要挑對產業、選對產品（這是借勢的工夫），按照以下做法，人人都可以創造專屬自己的勢，打造無人可取代的個人品牌。

一、長期不間斷地宣揚自己的核心理念

如果你是做行銷的，那就拚命寫有關行銷的文章；要推廣兩性課程，你也該像我一樣努力針對兩性議題發表意見。總之，你想賣什麼樣的產品或服務，針對該議題努力發聲就對了，重點不在內容優劣，而是長期不間斷地持續下去。先前章節提過那位開著老爸賓士的行銷大神，也是靠

著萬年不變又千篇一律的行銷廢文，騙到一狗票腦包支持者，時不時再秀一下賓士，一樣把人唬得一愣一愣的。

雖然品質跟堅持並不相違背，但如果你的心力只夠選擇一樣，記得要選「堅持」。

二、從中選出鐵粉

在你發表內容的過程中，一定會發現某幾位特別喜歡跟你互動留言，請千萬要好好珍惜這種人，看到熟面孔出現，最好優先照顧，回覆他們的留言，讓他們有備受尊榮的至高享受。願意挺你的人，永遠要給他們最好的回饋。

一來，他們會是你最忠實的好幫手，自動自發地幫你把理念推廣到無遠弗屆的深處，所謂「口耳相傳」的口碑行銷，靠的也是這群鐵粉。二來，這裡頭說不定有些能人異士能提供助力，哪天你需要其他的專業服務，或許可以直接避免到外頭詢價卻被騙的麻煩。鐵粉願意毛遂自薦，絕對是最忠實可靠的合作夥伴。

三、尋找弱點切入

有了長期經營內容所累積的名聲，再加上鐵粉的人脈加持，你主動造出來的勢已經漸漸成形，接下來要做的，是找到正確缺口突破，讓累積的勢一舉傾洩，消滅敵人！

然而，短短一句「找到正確缺口突破」，看似簡單，其中有著巨大學問，光是要慧眼識別出正確缺口，所需要的經驗可不只是一年半載這麼簡單，往往需要在同一領域深耕十幾年以上，才能憑藉經驗識別風尖浪口，抓緊機會賣出你的商品。這麼說吧，當你跟你的讀者、消費者、支持者互動多年，自然會知道他們真正想要的是什麼，甚至我可以告訴你，只要他們願意把你當成神在拜，你賣什麼鬼東西他們都願意買單……

於是這會繞回一個問題：那產品呢？我的服務和產品重不重要？

當然重要，服務和產品是變現的必備武器。無法將人氣與名聲變現，你千辛萬苦累積出來的勢終究只能拿來自嗨，最多帶著一大票網軍到處罵人，然後半毛錢也拿不到。

但是，我會建議你，**先想辦法把勢造出來再說**。你先透過免費的服務，累積名聲和人氣，等到聲浪足夠高，想賣什麼產品都可以再慢慢想，只要不是太過無良和騙錢（比如什麼加持過的能量水啦，瓶裝空氣啥的），還是那句老話：**你的粉絲只要夠鐵，賣什麼他們都會買單**。

順道一說，上面這套路，歷史上可是行之有年呢。像東漢時期的黃巾之亂、滿清時期的太平天國之亂，張角、洪秀全都是打著免費的治病服務開始累積人氣，到後面一發不可收拾，成為一方之霸，拿來搞叛亂與選舉，也是一樣可行呢。

5-2

該出正兵還是奇兵

凡戰者，以正合，以奇勝。故善出奇者，無窮如天地，不竭如江河，終而復始，日月是也；死而復生，四時是也。聲不過五，五聲之變，不可勝聽也。色不過五，五色之變，不可勝觀也。味不過五，五味之變，不可勝嘗也。戰勢不過奇正，奇正之變，不可勝窮也。奇正相生，如循環之無端，孰能窮之。

說到「奇正」，可是整個〈兵勢篇〉的主要核心概念。大學軍訓課第一次讀〈兵勢篇〉，真是百思不得其解，光簡單「奇正」兩字，我可是參透許久還是不得其門而入；直到後來年紀增長，看的事情多了，才漸漸理解奇正的奧妙。順道一說，這裡「奇正相生」的「奇」，應該要唸「ㄐㄧ」，而不是「ㄑㄧˊ」。在《唐太宗李衛公問對》（以下簡稱《唐李問對》）裡頭認為，「奇」最早出自黃帝兵法《握奇文》，因為讀音的關係，也被稱作《握機文》，知道這個典故，在許多研究《孫子兵法》高人的眼中，可是會讓他們眼睛一亮，認為你有讀書。

事實上，多數人讀《孫子兵法》，或是思考生活中的種種難題，總愛把重點放在「奇」字上。他們認為：做事要成功，必定存在著某種靈丹妙藥、萬能子彈；事情之所以沒有成功，只是還沒找到神絕招，因此總愛把心力放在陰謀詭計，卻不老老實實從基本面做起。

這種心態其實不難理解，要自我提升、加強實力，怎麼看都是件路途漫長的事，沒有個兩三年時間很難有所改變；但要找到解決事情的「絕招」，理論上只要付得起錢、有高人指點，任何麻煩事都能迎刃而解。不是有句成語叫「出奇制勝」嗎？把「奇」端出來，事情就解決了，多好，幹麼那麼麻煩還要從基本面做起。

上述迷思也是我辦課程以來最感慨的事，特別是現在網路上許多垃圾資訊來搶奪我們最珍貴的注意力，要人提升自己、扎實打好根柢，顯得太過樸實無華，沒人願意老實打好基本功，只想花錢了事，一勞永逸解決問題。這當然不可能，但卻是最符合商業考量的行銷策略，只要任何一門課程宣稱能夠提供靈丹妙藥「永久」幫你解決問題（說真的這種行銷手法跟賣壯陽藥沒兩樣），消費者自然會前仆後繼，而有沒有用就是另一回事了。

奇兵與正兵

既然是講《孫子兵法》，免不了要從軍事角度定義奇兵與正兵：正兵可以理解為正規軍、大部隊，堂堂正正走在大路上，不會躲躲藏藏，面對各種挑戰永遠選擇正面迎擊，事實上，正兵也只能正面迎擊，人這麼多、這麼顯眼，你是要他們躲到哪去？

至於奇兵指的是游擊部隊，人數不多但神出鬼沒，機動性十足，主要工作是在敵人意想不到的時機和場合搞奇襲，當年曹操與袁紹打官渡之戰，正是靠奇兵火燒袁紹在烏巢的糧草，才奠定日後以少勝多的基礎。

如果用把妹的角度來解釋奇兵與正兵會更好理解：**正兵指的是你的外表、身家、經濟狀況、談吐、腦袋、穿著打扮**，總之一切看得到的特質，或是可量化的相關數據，都可稱作正兵。大家應該不難發現，要提升自己的正兵等級，困難度簡直跟脫魯沒兩樣，隨便一個特質往往要努力個兩年以上才略有小成，甚至有些東西光是努力還不見得有成就，努力加班會讓你變有錢嗎？答案是不會。所以在正兵上努力，除了需要耐心與堅持，方向也要對，需要智慧與機緣兼具，困難度奇高無比。

至於奇兵，就是各種把妹理論了，像謎男的ＰＵＡ、市面上各種琳瑯滿目的把妹課程、街頭夜店搭訕教學等，每一樣都是奇兵。他們總會宣稱：你不需要具備優秀的身家背景，只要願意把卡刷下去買課，脫單將是唾手可得的事。乍看之下，在奇兵上努力簡單多了，至少不用把身家秀出來給人看，生活中的魯蛇，也可以躲在優美的搭訕話術後面（不過我覺得有些搭訕話術簡直他媽的瞎爆了），放手一搏，盡情撩妹。

然而我要告訴你，千萬別覺得奇兵與正兵是獨立不相干的兩件事，兩者其實互相牽連，影響程度將遠超出你的想像。

沒有正兵搭配，奇兵只是廢物

在棒球比賽中，投手投球的球種可以分成快速直球和變化球兩種，也可以用正兵與奇兵的角度看待。看棒球的都知道，一個投手如果只會投變化球，哪怕變化角度再犀利、幅度再大，也一定會被打者看出端倪，球被轟到全壘打牆之外。但如果能搭配一個品質不錯的快速直球，狀況可不一樣了，打者會被迷惑，不知道迎面而來的是哪種球路，只能憑感覺猜。

有了正兵，會讓你的奇兵進入不同境界：

一、提高對方的預測難度

前面講的正規軍與游擊部隊的比喻，是比較狹義的奇正定義，從本質區分。但我覺得真正廣義的奇正定義，要從概念上去理解：只要敵人意料中的，都是正兵；意料之外的，都是奇兵。

一樣以把妹為例，如果你只會講幹話撩妹，也老是用這模式與妹子相處，按照先前定義，**本**

質上你是在用奇兵把妹沒錯，但對妹子來說，她完全可以預測你的風格，甚至猜出你下一步會怎麼做，你自以為的奇兵，對她而言反而是「正兵」。

但如果你偶一為之當個暖男，呵呵，看似正兵的紳士背後，妹子說不定會因此驚呼，比起其他只會靠送禮請客的宅男，你的正兵卻因為奇兵的關係，有著比別人更好的效果，你以為的正兵，這時反而是「奇兵」，突然奇襲燒光她的糧草。

二、奇兵的素質會同步提升

追根究柢，奇兵是從正兵分出來的，除非你找傭兵，否則用來打游擊、搞破壞的機動部隊，一樣是從正規軍裡特別挑出來的；換言之，你的奇兵強不強，還是要看整個部隊的訓練精實程度，完全取決於正兵。

再拉回把妹情境，被當作是奇兵的搭訕話術，內行人都知道，話術內容本身並非重點，反倒是語調、速度、節奏，甚至說話者本身的自信與氣場，才是影響搭訕成敗的重要關鍵。那氣場要怎麼練？一樣取決你的歷練、腦袋、心理素質、經濟狀況。也就是說，**你的正兵愈強、離魯蛇愈遠，你的奇兵威力也愈強**，就算是講幹話撩妹，一樣能把人家逗得樂開懷。擁有強大的正兵，你的奇兵才能揮灑自如，真正做到「奇正相生」。

5-3

行銷與產品哪個重要

激水之疾，至於漂石者，勢也；鷙鳥之疾，至於毀折者，節也。故善戰者，其勢險，其節短。勢如擴弩，節如發機。紛紛紜紜，斗亂而不可亂；渾渾沌沌，形圓而不可敗。亂生於治，怯生於勇，弱生於強。治亂，數也；勇怯，勢也；強弱，形也。

在商場上，行銷部門總是扮演吃重的角色。網路時代來臨，以前只要隨便花大錢買廣告搏版面，或是消費者別無選擇，只能被動接收你餵給他的資訊；這年頭買了廣告還不一定有人看，你得搭配各種炫目影片、內容農場廢文，一起搶奪消費者的眼球，說穿了，就是場注意力大戰。

然而，有些傳統商家認為，只要自家產品夠好，自然會有消費者上門，實在不用花錢做行銷，這種想法簡直大錯特錯；身處在垃圾資訊滿天飛的年代，你不做行銷，甚至沒有花大錢做行銷，再好的產品都會被淹沒在海量資訊中，消費者根本看不到你的優質產品。我以前看過一個數據，如果開發產品的預算是一千萬的話，至少要花五百萬以上作為行銷費用，產品才能順利打入市場，最能符合商業利益。

而行銷，正是「奇」的工夫。

行銷讓你爆紅，但好產品才能永續經營

該花成本在產品還是行銷上，一直是許多企業煩惱的問題，然而這並非二選一的兩難問題，反而我認為要從你經營公司或個人品牌的最終目的，去思考該下重本在行銷還是產品之上。當然嘍，如果你的預算無限、有富爸爸罩你，或是有傳說中的3F天使投資人願意贊助，自然兩者並重才是上策。

一個好的行銷手法，可以讓你瞬間爆紅，業配內容一瞬之間在廣大鄉民之間流傳，不光是網路媒體上的可見數據，還包括LINE群組私底下的轉傳，到哪都聽得到相關話題。說實話，這可真是每個行銷人的終極理想啊，做出爆紅的行銷案，不僅能對客戶和老闆交代，對自己的操盤功力也是進一步肯定。網路時代的行銷方式，早就把學院派教科書那套遠遠拋在腦後，能夠在殘酷市場上存活下來的行銷人員，絕對是各大企業炙手可熱的人才。

然而，身為一個行銷人員兼自媒體創作者，我對「爆紅」的體悟是——這他媽的根本可遇不可求啊！

我相信每位行銷人員在接到任何一個案子時，總是被客戶和老闆寄予厚望，希望每篇業配都能爆紅、都能成為話題排行榜第一名，但這就像經紀公司在簽藝人一樣，往往跟實際狀況有所差別：**覺得會紅的沒紅，但壓根兒沒想過會紅的，卻紅得莫名其妙**。所以，「故善戰者，其勢險，其節短」，也點出爆紅的特性，真正的爆紅往往發生在一瞬之間，來得讓人措手不及。

這又呼應我們〈軍形篇〉那句「勝可知，不可為」。事實上，行銷正如同「奇兵」，都是在賭，賭對了當然一飛沖天而爆紅；但要是賭錯了，你所花的行銷費用也等同於打水漂做白工。

奇兵突破正兵收割

但是，爆紅之後還能不能延續先前態勢，讓消費者繼續買單，可要實打實地看產品本身優劣了。能透過行銷讓廣大消費者注意到產品自然是好事，但這也代表會有更多人檢視你的產品，不光是實體產品，你說網紅或自媒體也是一樣，所有人會拿著放大鏡逐一檢視。實體產品的話，使用者體驗會變成最重要指標；至於網紅或自媒體，則取決於你當初設定的定位是不是有料，或者是不是能繼續搞笑逗他們開心。

說穿了，**就算你能用奇兵在網路世界殺出重圍，博得目光，但終究要回到基本面上，還是得靠正兵對決**。像你帶兵打仗，即使能靠奇襲殺得敵軍人仰馬翻，但你打仗的目的，還不就搶錢搶糧搶娘們，把大部隊開進去接收城池和資源，絕對是正兵的工作，奇兵是做不來的。

在真實世界裡，更多的是爆紅之後如曇花一現，瞬間消失，撐兩三個月的話題版面，隨即乏人問津的網紅大有人在。如果你有幸爆紅，一定要往兩個方向思考，延續你的商業模式：

- 繼續自我提升，從優化產品著手。
- 轉換商業模式，從個人品牌轉成企業品牌，透過系統與員工獲利，而不再只仰賴個人光環。

諷刺的是，大多數人並不具備這種長遠眼光，只想靠奇兵突圍。前面提過那位行銷大神，也偏愛腥羶色的行銷手法，反正不管什麼商品，一定要跟小模、正妹扯上關係，或許達成了客戶要求的觸及率，但這些流量能不能轉成購買量，呵呵，抱歉喔，那是你家的事，行銷大神只管曝光，數字出來，就算達標了。

我想起有則寓言故事：一個被駝背困擾許久的人，聽說有位醫生治駝背的功力高超，興沖沖地找他看病，於是醫生拿兩塊長木板，要他躺在地上，拿木板把他夾在中間，跳上去猛力一踩，背果然直了，人也掛了，後來病人的兒子跑去告官，醫生的回答也非常妙：「我業治駝，但管人直，哪管人死？」

只管奇兵而不管正兵，下場就是這樣，你會變得鼠目寸光，目光只聚焦在眼前利益，卻罔顧副作用或更深遠的影響，紅是紅了，但不見得是好事。

就拿「負面行銷」來說，這個被許多新手行銷人視為神招的東西，星巴克和麥當勞也曾經用過：透過一些負面新聞炒話題，引發正反擁護者的論戰，獲得網路聲浪，換取更多知名度，以技術角度來說，這招完全合情合理。

但是，負面行銷雖然看似奇兵，重點卻在於能把負面印象轉成正面印象，又或者你已經擁有一狗票擁護者幫你打仗，如此一來，你才有機會激化聲浪，進一步提升品牌形象。**負面行銷雖是奇兵，但是不是有用，則取決於你的正兵好不好使**：能把負面印象轉成正面印象，要看你的產品；至於品牌的正面擁護者，那是你之前的積累，一樣是正兵。

也就是說，沒有正兵掩護、貿然出手的負面行銷，很容易變成公關危機（Public Relations Crisis），但真的有些笨蛋，始終信奉著「壞印象好過沒印象」，一直把負面行銷當成最後的神主牌在拜……啊，我絕對不是在說那位行銷大神。

5-4

奇正公式

故善動敵者，形之，敵必從之；予之，敵必取之。以利動之，以卒待之。故善戰者，求之於勢，不責於人，故能擇人而任勢。任勢者，其戰人也，如轉木石。木石之性，安則靜，危則動，方則止，圓則行。

雖然基本面很重要，而「勢」本身又帶點可遇不可求的意味，但並不代表我們只能被動等待時機。

提供大家一個公式：**成功＝正兵×奇兵×運氣**。

這裡的「正兵」指數自然是基本面的呈現，理論上數字可以無限往上升，人生勝利組可以像超級賽亞人一樣動輒上萬，王品戴勝益可以創業失敗九次還能繼續揮霍家產，原因在於人家根本是富二代出身，同時還有老婆娘家和親朋好友情義相挺，正兵戰鬥力根本是超級賽亞人第三階以上，只要不出大包，終究能讓他闖出一番事業。

而「奇兵」指數講的是造勢能力，在你沒做任何事的情況下，這數字是一，會忠實呈現正兵的一切，想提高數字，你必須做點什麼來造勢，看是要引誘敵人犯錯，還是要搶話題吸目光，原文講的「形之，敵必從之；予之，敵必取之」也是這道理。然而，**奇兵指數是有上限的，能到二就算是不錯了**（二倍增幅耶），若能晉升到五至十之間，就操盤技術來說已經非常了不起，是神人等級了。

那麼，奇兵指數有沒有可能小於一？當然有可能，有些低能的還會搞到變負的，而且很多人會這麼幹。**奇兵指數小於一，指的是你犯下各種低級錯誤的時候，像用告白的方式把妹就是其中之一，直接讓奇兵指數降到〇．五以下，讓你的戰力打對折**。當然啦，如果你自恃正兵夠強，再怎麼打對折也不怕，戰鬥力二萬打對折還有個一萬，照樣能輾壓一狗票小魯，那麼你就盡量告白吧！嫌戰鬥力太高，你就盡量告白、盡量幹蠢事。

至於最後的「運氣」指數，以我的理解是「陰德值」，而不是全然交給骰子決定，如果全由機率決定，其實波動不會太大，頂多介於〇．九和一．一之間。如果用陰德值去理解，就比較符合實際狀況：比如你做事做到一半，突然有貴人幫你引薦廠商、介紹案子，神來一筆讓你的事業發展更加順利，甚至久沒聯絡的妹子，突然空虛寂寞覺得冷跟你約炮；當然，偶爾也會遇到欠錢不還、廠商趕不上交期、員工被挖角等諸多鳥事，好與壞都有可能發生。

這些好事或壞事其實都不是平空發生，而是取決於你的做人處事。好事做愈多，陰德值愈豐厚，這些你曾經幫過的人事物總會在意想不到的時候幫你一把；同樣的，做人嗰歪、做事不計後果，累積下來的仇恨和副作用也會在你最衰㴋的時候落井下石。所以我常說，努力做好事，是為了要累積足夠陰德供我花用，幫自己留點幹壞事的本錢（當然只能是小惡），哈哈哈。

3種指數的努力方向

有了對奇止公式各項指數的基本理解，大家自然會思考該怎麼努力才能讓CP值達到最高，一樣以情場為例，提供大家努力方向：

一、正兵指數

正兵指數需要一輩子去累積與努力。情場上的正兵種類，包括外型、經濟能力、身分地位、心態，**真的要我選出「正兵之王」的話，我會說是心態，甚至我會說，心態加上外型，你可以把到八〇％以上的妹**（剩下二〇％在你交友圈之外，不是你這階級能辦到的，算是非戰之罪）。

然而，心態與外型可是非常殘酷的不進則退。太過擺爛，不運動又不控制飲食，你的身材會忠實反映你的生活習慣，沒有一個腦袋正常的女生會喜歡肥宅；至於心態，目前主流社會輿論是極度傾向女性，總是要男人對女人犧牲奉獻才能換得交配與親密的機會，如果你的核心信念不夠強，很容易在媒體的推波助瀾下，被洗成馬子狗。

情場上最好用的核心信念，是把自己當成女人的獎品。當然啦，如果你的薪水還卡在二十二K上下死命掙扎，那我覺得你還是先想辦法脫魯比較實際，要把妹，等有點錢再說吧。

二、奇兵指數

我看過很多有錢的富二代、工廠老闆，以為自己有錢屌就大，看到妹子只會拿出鈔票炫富，拿酒店那套銀彈攻勢來撩妹，這些都是典型的低級錯誤，讓奇兵指數打對折，滿手好牌卻讓開場戰力直接砍半。所以我會建議大家，一開始先別急著提高奇兵指數，反倒要思考怎麼不犯傻、不幹蠢事，讓奇兵指數維持在一就好。別以為我在講廢話，拚命幹蠢事的男人絕對超乎你想像的多，**能讓奇兵指數維持在一，我敢說至少贏過五〇％的男人**。

先讓奇兵指數持平，再來想要怎麼增幅，**在正兵足夠的前提下（重要），你才有必要去學習話術與撩妹技巧**，讓奇兵指數從一慢慢增加，這些也是需要時間累積，刀愈磨愈利，千萬不用急，看到自己有成長即可。當然嘍，找個有經驗的老司機帶你，或多或少能幫你縮短時間（眨眼），這就得取決於你的資質與努力了。

三、運氣

按照前面陰德值的說法，其實運氣取決於你的人品，你願意善待身邊人事物，它們一定會用不同形式回報你。當然，這裡講的善待可不是永無止境，別人打你左臉還要把右臉給他打的鄉愿，而是兩人剛開始互動時，**你要主動善待對方，但如果對方恩將仇報，請一定要啷歪回去，讓他知道得罪你的下場**。

再提醒一下，這裡講的「善待」，不是無腦般的奉獻，而是尊重對方的界限、靈魂、意願，同時守好你自己的底線，而且永遠不要試圖控制對方。

為什麼無腦送禮、請客會給女生壓力？那是因為，**女生的社交直覺永遠比我們男人高過千百倍，她的潛意識會知道你正試圖用金錢換取跟她親密的機會，說穿了就是種控制**，只不過她會用比較含蓄的「我覺得壓力很大」來回應你的控制。

簡而言之，正兵與運氣有點偏向成功學，而奇兵則是大家喜歡研究與討論的奇技淫巧，三者兼備，不光是情場，你的人生之路也能走得愈來愈順。最後提醒大家，如果你的心力有限，正兵和奇兵只能擇一的話，請選擇正兵，正兵的發展潛力才是最大的，值得你下重本投資。

5-5

不同階段的奇正比例

故善戰人之勢，如轉圓石於千仞之山者，勢也。

這裡我們要拉回前面提過的《老子道德經》這句「以正治國，以奇用兵」，再怎麼說，「奇正」一詞還是由這裡誕生，人家孫子有八七%的可能是先讀到這句才衍生出「奇正」的概念，老子李聃可以算是孫子的半個師父。繼續講奇正概念之前，給有心進修的朋友一點學習方針：除了《老子道德經》可以作為《孫子兵法》的學習資料，你還可以從《左傳》裡的各種戰爭，去驗證《孫子兵法》裡的各種理論，畢竟，《孫子兵法》是富有經驗總結與規律分析的指導手冊，而它的原始資料和案例，有極大可能是來自《左傳》，也就是說，《左傳》才是《孫子兵法》的原料（raw material）。

你可以想像，當年孫子在構思兵法的時候，可是捧著《左傳》，把每個戰例做徹底的案例研究（case study），這部驚天地泣鬼神的鉅著才得以問世。

言歸正傳，「以正治國，以奇用兵」這句話是什麼意思呢？當年劉邦打敗項羽建立漢朝之初，仍舊不改一身流氓習氣，認為讀書實在是沒什麼屁用。他手底下有位非常帶種的謀臣陸賈，直接當面嗆劉邦：「您雖然在馬背上得到天下，但可以在馬背上治理天下嗎？」這話立刻讓龍椅上的劉邦反思：「對啊，老子現在可是在龍椅上當皇帝，今非昔比了，實在不能再像以前一樣隨便動刀動槍的，真該換個方法才對。」

也就是說，「奇正」不光只是戰術上的搭配運用，同時也是不同階段的發展策略。

攻城掠地要用「奇」，守成要用「正」

把「以正治國，以奇用兵」翻成白話文，正是小標題這段話，雖然這裡講的是帶兵打仗的情境，但我們稍微轉換一下，可以將它置換到以下三種情境來使用：

一、把妹vs.關係維持

這可說是許多男人一輩子無法參透的誤區，特別是一狗票信奉把妹達人謎男PUA理論的。沒錯，能理解PUA理論的各種奧妙，將理論瞭然於胸、讓技巧出神入化，再加上有副乾淨不算醜的外表，九九%的妹子幾乎可以手到擒來，順利脫單，讓她成為你的女朋友。可這不代表你們的關係會長長久久，更不要以為能像王子和公主一樣永遠過著幸福快樂的日子。

前面說過，所有的把妹技巧都是奇兵，但要維持長期關係，你必須適時開誠布公，讓對方知道你有意願跟她相處，除此之外，你得擁有平穩的情緒控管，不會動不動發脾氣，偶爾還得拿出身家，貢獻自己的資源，讓妹子知道你有能力養她，認定你是個可以共組家庭的好對象，這些都是正兵。

不同階段要用不同的方法：**把妹階段你用正兵，是典型阿宅會犯的錯誤；但若長期關係你還在搞奇兵，妹子只會覺得你這人東躲西藏，不是值得託付終身的伴侶人選，自然也不會跟你認真。**

就拿PUA始祖謎男來說，雖然把妹技巧出神入化，遇到的妹子裡有九九％都能搞上床，但謎男本人的長期關係可是一團糟，所交的女友裡，沒幾個是好聚好散的，許多把他當神在拜的阿宅們，都不知道這項殘酷的事實。

二、創業思維vs.大品牌思維

如果你搞新創公司，一開始一定是把手底下員工一人當多人用，職稱雖是行銷企畫，但搞不好連粉專小編、業務、專案控管、掃廁所什麼的都要一手全包，連創辦人本身也是校長兼撞鐘，什麼鳥事都要插上一腳，所謂的職稱根本只是參考用，印在名片上寫好看的。

而且在創業初期，是員工最能接受「共體時艱」這四個字的時候，畢竟大家跟你這小公司一起混，本就不是指望什麼錢多事少離家近的職缺，大家賭上自己的青春，還不是希望自己能跟對人，將來雞犬升天，成為大公司大品牌下的開國元老，那才是揚眉吐氣的時候。

所以這種調度彈性、成本不高的部隊，是最適合出奇兵的時候，你要搞什麼專案，都可以大幅度激發員工潛能，大家使命必達，一起完成。

但如果公司具備一定規模，或是品牌在市場上具有一定辨識度，你還想省錢、想一人當多人用，發年終獎金時拿「共體時艱」來糊弄員工，那可是會被人笑掉大牙的。一旦員工數量變多，如果沒有妥善的組織分級，要分派工作或是出包時追究責任，可能光開會就要耗掉一整天了，原本賴以生存的奇兵戰術，會因為規模的擴大，瞬間變成巨大的累贅，這時你只能老老實實分部門、小組，用完善的制度去組織你的正兵。

當然嘍，薪水也是一樣，不同級職本來就有不同待遇，這也意味著你要按照年資給員工加薪，很難再找理由躲掉三節、年終這些發獎金的時刻。

但你可別覺得正兵是燒錢機器，事實上，這也是你身為領導人把工作授權給下屬，專心把精力用在決策的時候，老闆的價值本來就在於腦袋，工作能力或許還算其次，花點錢請更厲害的專家來替你打工不就好了。

奇正比例的搭配

看到這裡，大家也許會覺得很奇怪：明明前面說奇正要並重，怎麼這裡又說要分階段，一開始要奇兵，後來翅膀硬了又轉回正兵呢？其實，你不該把奇正視作二選一的是非題，更精確地說，它們是光譜上的兩端，重點應放在光譜刻度上的奇正比例搭配。

用投資理財的角度去理解奇正概念的話，**奇兵是高風險高報酬的炒短線股票，正兵則是低風險低報酬卻相對穩定的債券**。所以在初始階段，你應該要用五〇%奇兵配上五〇%正兵。奇兵賭輸了也不會怎樣，反正一開始資源也不多，再賠也就那點數字；可要是奇兵給你押中了，那才叫作一飛沖天。

但如果你今天公司大了、組織穩了，強烈建議你將比例調整為一〇%奇兵配九〇%正兵，辛苦打下的江山，就別再惡搞把它輸掉，多分配一點正兵幫忙守成，正兵永遠是最禁得起市場波動的；至於那一點點一〇%的奇兵，就當作閒來無事買個樂透，運氣好給你矇中，錦上添花也不是什麼壞事啊。

第六章

〈虛實篇〉

小蝦米吃大鯨魚的關鍵

Chapter 6

把妹的主動權

不懂取捨的都叫笨蛋

看得見的都不致命

如何面對僵局

個人品牌的虛與實

6-1

把妹的主動權

孫子曰：凡先處戰地而待敵者佚，後處戰地而趨戰者勞。故善戰者，致人而不致於人。能使敵人自至者，利之也；能使敵人不得至者，害之也。故敵佚能勞之，飽能飢之，安能動之。出其所不趨，趨其所不意。行千里而不勞者，行於無人之地也；攻而必取者，攻其所不守也。守而必固者，守其所必攻也。故善攻者，敵不知其所守；善守者，敵不知其所攻。微乎微乎，至於無形；神乎神乎，至於無聲，故能為敵之司命。

〈虛實篇〉可是整部《孫子兵法》的一大重點！在《唐李問對》裡，超級軍神李世民，曾經對《孫子兵法》有以下點評：「朕觀諸兵書，無出孫武；孫武十三篇，無出虛實。」要知道，李世民可是非常雄才大略的君主，一般人大概只知道他奪權的「玄武門之變」與後來勤政愛民的「貞觀之治」，但在這之前，他可是位能征善戰的超級將領，比很多專職帶兵打仗的將軍要高出許多檔次，是真正的文武全才。

連他這樣的頂尖高手都給《孫子兵法》如此高的評價，你就知道這是部多屌的書。而李世民也承認，整本《孫子兵法》中，〈虛實篇〉最為重要，懂虛實概念的將領，每每能在戰場上取得主動權。說到「主動權」，正好也是〈虛實篇〉最重要的東西，在《唐李問對》裡李靖也說：「千章萬句，不出乎『致人而不致於人』而已。」也就是說，**不管你要做什麼事，一定要想辦法讓對方照著你的意念隨你調動**，而不是反過來，別人放什麼音樂你就跳什麼舞。**主動權永遠是戰場對敵、情場互動最該需要注意的事**，沒有之一。

情場的主動權

對情場新手來說，講到「主動權」，很容易完全照字面去理解：既然講主動，那我就該主動出擊啊，主動約妹、主動LINE她、主動送禮、主動示好，最後再主動告白，然後你他媽就爆了，呵呵。照這種方式「主動」，多試幾個也是一樣結果，主動出擊與主動示好完全沒錯，但行為上你要稍做調整，用隱晦的方式對她表達你的好感。

先舉幾個錯誤的主動案例：

- 出國旅遊，專程買紀念品送給喜歡的女生，再謊稱說是「順便」。

- 每天都會買咖啡或飲料給喜歡的女生喝。
- 像顆衛星一樣繞在女生身邊，主動幫她解決各種問題。
- 平常沒啥互動，開口就是約她吃飯，然後被打槍還鍥而不捨。
- 只要她在臉書或ＩＧ發文，一定主動留言刷存在感。

總之，你隨便到竹科一家科技公司，觀察一下那些阿宅工程師是怎麼把妹的，把常見行為前五名找出來，上面幾樣一定包含在內，這些都是最糟糕的「主動把妹」錯誤示範。

那麼，正確的「主動」該怎麼做呢？

一、建立自我價值，同時意識到自己擁有價值

比如你有專業能力或才藝，同時知道自己的才藝非常稀缺，也拿得上檯面讓人景仰；又或者你願意上健身房訓練身材，也真給你練出一副回頭率超高的好身材。

二、先從言語上撩妹

最簡單的方法，是主動開各種話題、故事，去展示你的價值，同時觀察妹子有沒有追問細

節，可以判斷她對你是不是感興趣。另一種路線是，想辦法逗樂她，能逗樂妹子，你的成功率也會大幅提升。

三、輕微的肢體碰觸

能輕鬆自如地在妹子面前打嘴炮，累積足夠笑臉的正面回饋後，再試著從肢體碰觸上進攻，像不經意的肩膀對肩膀觸碰，或是走過她身旁不小心「滑」過她的手，再觀察她的反應，如果沒有抗拒，再逐漸加碼。

我把這些稱作「主動踩線」的工夫，妹子沒表示抗拒，你就別跟她客氣，繼續踩下去。當然，這必須建立在一定觀察力的門檻上，有時妹子沒表示抗拒，不是她真的願意，而是你沒看出來……建議多從日常社交練起，學著從眼神、微表情、肢體語言去判斷對方的真實想法。

最高境界的主動

然而，前面講的主動都只是次一級的主動，但已經足夠好使了，一般傻屄還停留在給對方壓力的送禮、邀約上，能掌握次一級的主動，夠你壓迫眾生了。

我真正想分享給大家的，是原文這段「凡先處戰地而待敵者佚，後處戰地而趨戰者勞」，〈虛實篇〉開宗明義第一句正告訴我們兩性互動中真正主動權的關鍵——「框架」。

框架一詞最早源於NLP，後來被把妹達人謎男和徒弟型男拿去用，進而發揚光大，成為學把妹必備的基礎知識。所謂框架，指的是你們兩人之間的互動模式、言行舉止背後所傳達的潛在意義。一堆男人死命奉獻、送禮、邀約、接送等，**諸如此類的工具人行為，說穿了，是把妹子當成女神在拜，隱含的框架是「妳是女王，我是僕人」，事實是沒有妹子會愛上僕人的**。

更精確地說，只要你進入女生的框架，你就完全喪失主動權。然而，就算是鑽研把妹之道多年的高手，還是很容易不小心忽略框架的重要性，在與妹子的互動上失去主動權。

要擁有真正的主動權，必須讓妹子進入你的框架，你不妨把框架想成每個人專屬的力場（field），在力場之內，你就是神。**而在兩性互動中最適合男人的框架是「我是獎品，所有的女人都要贏得我的注意」**，只要你的自身價值足夠，再加上這強大信念，你的一舉一動都會以隱晦的訊息傳達到女生的潛意識裡，最後會形塑成你要的框架，換成她來吸引你注意，甚至討好你。

這才是男人該做的事，加油一點好嗎？

框架的處理

如果你已經不幸處於妹子的框架（也就是當了很久工具人的意思），這時可千萬不能硬碰硬展現自己的框架，與妹子的框架槓上（而且你他媽都魯一輩子了，最好是能瞬間變出框架），建議冷處理，先退出她的框架，遠離她的力場核心，重新找回自己的生活，再慢慢從正兵下手，去形塑自己的框架。

要記得，**沒有任何一個男人，可以處在妹子的框架中還能撩起她的慾望**，你們還是有機會在一起，只不過是以工具人的身分。

最理想的狀況是，**你剛認識這妹子時就能展現你的框架，只要她願意踏進來，恭喜你，大勢底定。**

如果你已經展現框架，發現她的框架也很強，此時此刻只剩下對峙一途，就看誰的心理素質強，誰能先讓對方踏入自己的框架，誰就能主導關係。

但要提醒你，主導關係或維持框架，不見得要用「贏」的方式，這一點我就留到第七章〈軍爭篇〉再來跟大家分享吧。

6-2

不懂取捨的都叫笨蛋

進而不可禦者，衝其虛也；退而不可追者，速而不可及也。故我欲戰，敵雖高壘深溝，不得不與我戰者，攻其所必救也；我不欲戰，雖畫地而守之，敵不得與我戰者，乖其所之也。故形人而我無形，則我專而敵分。我專為一，敵分為十，是以十攻其一也。則我眾敵寡，能以眾擊寡者，則吾之所與戰者約矣。吾所與戰之地不可知，不可知則敵所備者多，敵所備者多，則吾所與戰者寡矣。故備前則後寡，備後則前寡，備左則右寡，備右則左寡，無所不備，則無所不寡。寡者，備人者也；眾者，使人備己者也。

前面用比較生動的例子解釋了主動權的重要，這裡我們做點學術考證，幫大家統合一下軍形、兵勢、虛實這三篇。讀《孫子兵法》不光是要能用，還能趁機提升一下自己的文化素養，就算你是個草包，若能在內行人面前唬爛個幾句，人家對你的第一印象也會好，你看，這不就是「造勢」的工夫嗎？

明朝的何守法曾經對〈虛實篇〉有以下解釋：「形篇言攻守，勢篇言奇正，善用兵者，先知攻守兩齊之法，然後知奇正，先知奇正相變之術，然後知虛實，蓋奇正自攻守而用，虛實由奇正而生，故此篇次於勢為第六。」事實上，軍形、兵勢、虛實這三篇可以視作「戰術三部曲」，每篇都有各自的文眼，能用一個詞點出整篇主旨：**軍形篇是「攻守」，兵勢篇是「奇正」，而虛實篇當然就是「虛實」了**。

就哲學角度來說，大家應該不難發現攻守、奇正、虛實這三個詞有個共通點，那就是攻與守、奇與正、虛與實分別是兩個相反概念的字所組成，用這類正反兩方面的角度去詮釋一個概念，是哲學上鼎鼎大名的「辯證法」，專門化解各種矛盾。當然這要講起來可以解釋一大篇，我也可以保證你讀到一半就會睡著，你現在只要知道兩件事：

一、《孫子兵法》是部富含辯證法思想的書

事實上，不只《孫子兵法》，中國的許多經典往往存在著豐富的辯證法色彩。

二、萬事萬物會根據不同情境，產生看似正反的矛盾特質

舉例來說，當大家都賣真貨，你賣假貨反而會因此獲利；但若大家一窩蜂跑去賣假貨，這時

賣真貨的反而有市場競爭力。

能記住這兩件事，日後讀書你會更有所得，《孫子兵法》之後幾篇會多次用到辯證法的思維。

人不可能樣樣強

要抓住虛實的真髓，你必須體認一件事，那就是小標題所說的「人不可能樣樣強」，不光是你，也包括你的敵人，所有人都符合這項自然規律。

在玩角色扮演遊戲的人一定很清楚知道，當你的角色升級，必須在有限制的點數下做出升級選擇，看是要把點數投資到力量成為戰士型英雄，又或者投資到敏捷當個專搞背刺暴擊的盜賊型英雄，也可以投資到智力點數，化身成拚命丟火球、放閃電的法系英雄。除非你用修改器，否則一定要做出抉擇，而這也符合我們人生的真實常態：**充滿缺點與優點的一生**。

所以嘍，你要以小搏大，想憑藉小蝦米之力去打敗大鯨魚，絕不是指望每一項都贏過眼前比自己強大幾百倍的對手，《聖經》裡的大衛與哥利亞的故事，也被《異數》（*Outliers*）作者麥爾坎．葛拉威爾（Malcolm Gladwell）寫進他的另一本書《以小勝大》（*David and Goliath*）裡：瘦小的大衛之所以能打敗身高三公尺的巨人哥利亞，正是靠著在遠方像個孬種一樣丟石頭，不管哥利亞怎麼叫囂，大衛就只是用投石器、拿石頭扔他——也真的把哥利亞給扔死了。

每個人一天都只有二十四小時，大家能分配的點數都一樣（當然每天擺爛的是在浪費自己的點數），自然必須做出取捨，決定自己要往哪個方向發展。

取捨的智慧

如果能夠理解資源有限這件事，恭喜你開啟另一扇智慧大門，知道什麼叫作「取捨」，能學會取捨，至少會有以下三個好處：

一、不妄自菲薄

能夠理解每個人都由各種虛實所組成，你也可以笑著看待自己的缺點，不見得要花時間去彌補，選擇把工作外包，把時間用在更有效率的事情上。像很多人都覺得資工系畢業應該要很會修電腦，但偏偏我就是資工系畢業不會修電腦的一個（其實資工系畢業一堆不會修電腦的好嗎），我寧願花點錢找人來做，把時間省下來寫這本耗盡我腦力的書（我他媽就是不想知道電腦怎麼修，哼）。

二、能冷靜對敵

既然知道人人都有虛實之分，那你也別擔心你的對手太過強大，只要冷靜思考，一定能找出可乘之機，用你的實打他的虛。

假如你公司的研發預算只有八百萬，對方的研發預算卻是三千萬，看似財力輸他的情況下，要打贏的方法只有一個：想辦法讓他把預算分成十份，讓他做出十個預算只有三百萬的爛產品（HTC表示），而你只要傾注全力用八百萬做出橫空出世的好東西，自然能把對手踩在腳底下，甚至殺翻市場。這就是原文所說的「我專為一，敵分為十，是以十攻其一也」。

那麼，為什麼對手會蠢到把實力分成十份？答案是要靠「奇正」去拐他：**你可以放假消息讓他誤判形勢、派間諜去窩裡反，奇正的搭配，正是誘導對方犯下低級錯誤的最佳方法，讓他「無所不備，則無所不寡」**。這也是為什麼我從不介意在文章中公開部分我在課堂上才會講的把妹技術，因為就算女生知道這些概念，真的遇到了也無法冷靜面對，一樣被自身人性與情緒牽著鼻子走，我說過，真正屬於高手的戰場，是在心理素質，知識只是最基本的東西。

三、能排序人生各種優先權

如果你願意把虛實的取捨之道上升到人生格局來思考，會發現人生不外乎是一連串的選擇，包含事業、人際關係、把妹，統統都是。就拿擇偶來說，你會知道用來當炮友、女友、老婆這三種不同關係的女生，分別需要不同的素質。**拿炮友的標準來找老婆會是場災難，但如果拿找老婆的標準來找炮友，你只會餓死而已。**

我有一位成功嫁入豪門的女生朋友，她說過一句話我覺得非常實用：「Prioritize what you want.」你不可能得到所有東西，在不同階段，最重要的特質與標準也會隨之不同，你該做的，是冷靜思考自己「需要」什麼，而不是放任慾望和人性，胡亂追求自己「想要」什麼。

能懂「取捨」，夠你屌打八〇%的人，或許你無法一翻而上，超越現在階級（你知道階級翻轉是件多難的事嗎），但至少你可以過著毫無懸念的人生，把手上的牌發揮到極致。

6-3

看得見的都不致命

故備前則後寡，備後則前寡，備左則右寡，備右則左寡，無所不備，則無所不寡。寡者，備人者也；眾者，使人備己者也。故知戰之地，知戰之日，則可千里而會戰；不知戰之地，不知戰日，則左不能救右，右不能救左，前不能救後，後不能救前，而況遠者數十里，近者數里乎！

在一九三〇年代二次世界大戰前後，法國為了防禦德國進攻，花了五十億法郎打造世界知名的「馬其諾防線」（而且是一九三〇年的五十億法郎），用來應付空對地轟炸、地對地火砲轟炸，裡頭還有壕溝、堡壘、廚房、醫院，軍事設施與生活機能一應俱全，就差沒在裡面開麥當勞跟小7了，堪稱現代版的萬里長城。

一般人看到馬其諾防線的規模，心裡都會想：威力這麼強大的防禦措施，一定讓德國人很頭痛，屢攻不下吧？正好相反，自從馬其諾防線完工以來，德軍從來沒有直接進攻正面防區，選擇繞道而行，從比利時長驅直入進犯法國，號稱固若金湯的馬其諾防線，完全沒有發揮阻擋德軍的功能。事實上這一點都不難理解，人家德軍又不是笨蛋，看到馬其諾防線上等著招呼自己的機槍大砲，只有傻瓜才會正面硬幹，當然是想辦法繞過去再說，也因為這樣，這道萬年沒有德軍侵犯的馬其諾防線，被人拿來當作大而無當的代名詞之一：超強，但沒用。

講進攻面也是一樣，不論你的進攻方式多威猛、多屌，只要還在同一個數量級內（比如地球人與地球人的戰爭），對方知道你的進攻方式與時機，那他就絕對有辦法防禦你的攻勢，比起「出其不意，攻其不備」，就算打贏了，你的收穫也會大打折扣，損失因此提升。

說白了，**不論是進攻還是防守，只要敵人知道你的方式與時機，他就能針對各種狀況去預先設想處理方式**，哪怕你今天占盡優勢，也會不小心被他抓到弱點而讓他反敗為勝。

把妹的直球對決

一、直接誘惑

比如一個男生在夜店打獵，看到喜歡的妹子在舞池扭啊扭的，連去跟她貼舞都沒有，就直接拿著酒上前問她：「欲相幹無？」簡單、直接，完全不需要技術含量，只要有被討厭的勇氣就行。如果你真的要用這種做愛開場白的愚人笨招，請選擇夜店、酒吧這類性暗示意味濃厚的場所，千萬不要在光天化日的公共場合，否則你會被拍影片放到網路上，那就等著被鄉民圍剿吧。

二、無腦炫富

很多老闆級人物或事業有成的男人愛用此招。凱娜衛生棉條的品牌創辦人是我的好朋友，她告訴我曾經遇過一個男生，第一次約會的時候就把新房子的設計圖攤在桌上，詳細地一一解說，比裝潢設計師還專業，那時她心想：老娘比你會賺錢好嗎？才這點程度就來炫富。當然嘍，這場飯局也是沒下文，女生不會想再跟他見面。

事實上這也是大多數男人選擇炫富作為把妹手段的誤區，根本不知道眼前妹子的底，開場就把自己的底牌攤在陽光下，標準的敵暗我明，喪失一切優勢。

什麼時候才能直球對決？

但我要說，直球對決不是不能用，而是要慎選對象，**僅限花痴女和涉世未深、缺乏社交歷練的女人**，除此之外，直球對決要有效果，還需要具備以下兩個條件：

一、你的等級遠高過對方

比如你是富二代，對方是農村小姑娘，這種外星人對上地球人的科技差距，你也不用使什麼詭道東躲西藏了，直接正面對決，輾壓過去就對了。

二、你清楚知道對方要什麼

如果你確定眼前目標是來找經濟穩定的結婚對象，那直球對決會很省事，就像洽談商務合約，你當然要端出對方想要的牛肉，小打小鬧的愛情早就不是你們所追求的。但是，我在課堂上一直提醒學員：**靠炫富得到的婚姻會有巨大的潛在危機**，如非必要，盡量不要一開始就炫富。

直球對決之所以在多數情況下不好使，那是因為稍有姿色的妹子，自小就被各種搭訕和主動示好轟炸，社交歷練可是高過男人千百倍之多（不誇張），不光是炫富，所有過於主動的示好，都見識過不知幾千幾萬遍，在她面前，你所想得到的一切，諸如請客、吃飯、送禮此類的傳統把妹招，都像明擺在眼前的馬其諾防線一樣毫無威脅性，人家老早就發展出一套SOP來應對，甚至還會在姐妹聚會時拿出來討論，一起對這些早該作古的把妹手法品頭論足。

關鍵是神祕感

簡單說，只要妹子知道你會出什麼招，又或者你的招根本是萬年被用爛的老招，效用將會大打折扣。人家都知道你會從哪攻過來，自然知道怎麼防備。

所以原文這段「無所不備，則無所不寡」，才是你要做的事情。你必須讓女生壓根摸不清你會出什麼招，對你也不會有其他防備心，你的攻勢才能繞過她的表意識，直達內心。不知怎麼做的話，就先從保持神祕感開始吧。我的課堂上說過，**「保持神祕感」不光是安全牌，同時也是把妹的絕佳進攻武器，能夠激發妹子某一樣潛藏腦內的基因本性，是真正攻守一體的妙招。**

不過嘛，這裡的「無所不備，則無所不寡」，指的是妹子不知你會從何進攻，不知從何防起，可別弄巧成拙，把「無所不備」理解成「雷達警鈴大作，處處提防」。許多手段低劣的拙男常常因為意圖明顯，讓妹子只想離他遠遠的，要確認這一點，你不妨試著把她約出來看看，**如果約得出來，那多半還有機會，這是非常準確的驗證指標。**

但我要提醒大家，這裡的防備與否，都是由妹子主觀認定，與你的動機完全是兩回事。我常聽到一些拙男抱怨：「我又沒有要把她，她幹麼這麼防我？」有點社交意識的人應該不難判斷，**你怎麼想的根本不是重點，你給她的感受才是決定關鍵**。雖說把妹不一定要跟她交朋友，但還是要拿捏基本社交尺度，再怎麼說，你也不能先被討厭吧。

6-4

如何面對僵局

故知戰之地，知戰之日，則可千里而會戰。不知戰之地，不知戰之日，則左不能救右，右不能救左，前不能救後，後不能救前，而況遠者數十里，近者數里乎？以吾度之，越人之兵雖多，亦奚益於勝敗哉？故曰：勝可為也。敵雖眾，可使無鬥。故策之而知得失之計，作之而知動靜之理，形之而知死生之地，角之而知有餘不足之處。

僵局不見得是壞事，事情卡在那兒的混沌未明，有時是事情發展之必然，需要給點時間醞釀，讓子彈飛一會兒才知道結果。雖是如此，要成熟面對僵局可不容易，特別是在短視近利的年代，做什麼事都希望立竿見影，殊不知有時短期利益，帶來的卻是長期傷害。

面對僵局的正確態度

大腦並不喜歡混沌未明的狀態，這有違我們生存本能，再怎麼說，對事情心裡有數，也可進一步判斷接下來該怎麼做，未知的恐懼永遠是大腦最痛恨的一件事。也因此我們喜歡腦補，透過腦內小劇場，自行補上未知的那一面——就算腦補的內容與真相天差地遠。

所以要能正確面對僵局，可是有技術含量存在，甚至幫你拉開與眾人的差距，也是我們前面拚命強調「等待」的硬底子工夫：

一、對事情的洞察

洞察的英文叫「insight」，照中文字面解釋的話，如同把事情開個洞看到內部，能看到本質規律，甚至預測事情走向發展，既然你能預測事情走向發展，那麼懸而未決也只是發展階段之一，哪需要在一旁瞎操心？況且，很多事情你瞎操心也沒用，時機未到，它就是卡在那兒毫無進展，等就對了。

二、真實的自我安全感

然而，對事情的洞察需要智慧，這可不是每個人都有的東西，不過可以退而求其次，透過心理素質幫我們獲得面對僵局的冷靜自若，也就是小標題講的「安全感」。

就拿婚姻來說，不少人覺得年紀大了就該結婚，甚至把無法共組家庭視作一種人生失敗，擇偶條件也是「以結婚為交往前提」的急病亂投醫。我要說的是，同樣以結婚為目的，「年紀」對男人與女人的意義，可是截然不同。

我合理假設買這本書的都是男人，你們他媽的根本就不用擔心啊！男人的價值只會隨著年紀慢慢增值，包括歷練、腦袋、經濟狀況，如果你願意常跑健身房，那最為人所詬病的床上不給力也消失殆盡，總之，**願意認真照顧自己的生活，「年紀」會是你最好的朋友，能夠認知這一點，將會是你處於單身狀態的最佳後盾，是最真實的安全感來源**，根本就不用急。

但如果是女人，那就不行了，一個聰明的女人，會在自己外貌價值最高的二十五歲左右把自己嫁出去。到了三十五歲還沒嫁，同樣三十五歲事業高峰的黃金單身漢，永遠只會把目標放在二十五歲的年輕妹子上，所以恐怕只能往更老的男人、更缺乏見識的男人去找，四十五歲以上又缺乏兩性互動訓練的男人多屬此類。

僵局的解法

上面講的是面對正常僵局的心態，其實也就「等待」兩字而已，但是，有種僵局叫「狀況外」的僵局，也就是原文所說的：「不知戰之地，不知戰之日，則左不能救右，右不能救左，前不能救後，後不能救前。」我敢說，如果你連開戰地點、時機都搞不清楚，那怎麼死的也不會知道，要避免發生這類鳥事，你得做到以下三件事：

一、用時間跟他拖

就算你不知道狀況，也可以試著等待，不見得要對事情發展瞭然於胸才讓子彈飛一會兒。讓子彈飛一會兒，才知道射中的是老虎還是老鼠，也才知道接下來該怎麼做。

以跟妹子聊LINE來說，如果你發現她常常已讀你的訊息，那我建議你就別再繼續敲她了，最好冷落她，放個十天半個月，藉此去驗證你在她心中的地位，如果你的價值夠，她絕對會忍不住自己敲你。

二、用空間跟他換

「空間」是另一種思維，以軍事學而言，不外乎利用「轉進」誘敵深入，看是要利用地形牽制對方，還是設下伏兵迎頭痛擊，所謂「以退為進」也是在空間上大作文章。

一樣以跟妹子聊LINE為例，除了冷處理拖她個十天半個月，你也可以退而求其次，轉頭去找別的妹子聊天，你願意的話，還可以像棒球比賽一樣安排投手輪值表，把週一到週五都排滿滿的，透過空間調整，去形塑自己高價值的一面。一直主動敲同一個妹子，她只會覺得你沒別的選擇，是標準魯蛇的行為模式。

三、拿樹枝戳一下

如果敵人躺在那兒，要知道他是真死還假死的最快方法，當然是拿樹枝戳一下嘍，與「策之而知得失之計，作之而知動靜之理，形之而知死生之地，角之而知有餘不足之處」這段原文講的是同一件事。你想知道敵人的真實狀況，除了在自家陣地拿望遠鏡偷看，最好的方法，自然是派出一小支部隊試探對方的實力。

之前曾經無聊跑去聽別的女生開的聊天講座，那位女講師特別提到：千萬別用「在幹麼」當話題開頭。只見她義憤填膺，大概是常被一群笨蛋用「在幹麼」搞得心煩意亂，看到這三個字負面情緒爆表到想罵髒話。

她的情緒反應是真實的，也或許她說的是對的，用「在幹麼」這三個字當開頭，的確會讓部分女生覺得不爽。但我們要仔細想想，女生之所以不爽，真的是因為這三個字，還是因為發這三個字的人？如果周杰倫、余文樂、彭于晏傳這三個字給任何一個女生，我相信絕大多數的反應會是：「哇靠，男神主動敲我了耶！」

我要說的是，**「在幹麼」這三個字其實是很棒的樹枝，隨便戳一下就能知道對方狀況**：首先，它很便宜，敲這三個字不用花你五秒鐘時間；再來，它泛用性強大，不像有些笨蛋在床上打炮會叫錯名字，跟「寶貝」兩字一樣好用，非常適合群發；最後，你可以輕而易舉知道哪個女生對你有意思而願意回覆你，值得在她們身上多花點時間，至於那些已讀不回的女生，就別浪費時間，直接Pass吧。

你看，簡單三個字馬上幫你試出誰值得投資成本，是不是超划算？

打破僵局的本質

打破僵局這件事，你也只能盡人事聽天命，最好的心態就是不抱期待，這有點像許多企業顧問在幫公司診斷的做法，你真的以為他們能清楚預期改變做法所帶來的效益嗎？其實不是，他們只是改變一下現況，加入更多變數，像鍊金術士一樣東加加西加加，最後會變出什麼東西，他們自己也不是很清楚。

但這的確是突破僵局的正確做法，你怎麼知道事情不會愈變愈好？

6-5

個人品牌的虛與實

故形兵之極，至於無形。無形，則深間不能窺，智者不能謀。因形而措勝於眾，眾不能知。人皆知我所以勝之形，而莫知吾所以制勝之形。故其戰勝不復，而應形於無窮。夫兵形象水，水之形，避高而趨下，兵之形，避實而擊虛。水因地而制流，兵因敵而制勝。故兵無常勢，水無常形。能因敵變化而取勝者，謂之神。故五行無常勝，四時無常位，日有短長，月有死生。

〈軍形篇〉〈兵勢篇〉〈虛實篇〉這三部曲，是整本《孫子兵法》的核心概念，值得我們花比較多篇幅來講，畢竟連歷史上開外掛的軍神唐太宗都對〈虛實篇〉有極高的評價，還與李靖一搭一唱，在《唐李問對》中把攻守、奇正、虛實（正好是三部曲的文眼）的觀念做一番徹底的剖析，所以如果想對這三大概念有進一步了解，《唐李問對》這本書，值得你一讀。

再給你一個讀《唐李問對》的理由。金庸小說看過吧？《射鵰英雄傳》呢？《神鵰俠侶》也看過吧？就算沒看過原著，港劇、陸劇也早就演過千百遍，熟悉這兩部作品的朋友，一定對裡頭的東邪黃藥師有著深刻印象，不僅武功絕頂，能與全真七子一打七而不落下風，知識方面還上通天文下知地理，五行八卦、奇門遁甲、農田水利、琴棋書畫，甚至帶兵打仗、布陣、兵法，無一不曉、無一不精，而黃藥師的角色原型正是《唐李問對》裡的李靖，你說這本書該不該讀？

言歸正傳，在〈虛實篇〉的最後，再幫大家統整一下三部曲的概念，這回要召喚佛法幫我們理解了。

體相用與兵法的關係

「體相用」是三位一體的概念。我們拿水當例子，本質是一氧化二氫（就H_2O啦哈哈），它的「體」自然就是水本身；而「相」可以區分成液態、氣態、固態，顧名思義是它表現出來的樣子；至於「用」，自然就是用法了，你可以拿液態的水來灌溉農田、搞水力發電，或是拿氣態的水去玩蒸氣機，而夏天到了也免不了吃幾碗剉冰，這就是固態水的功勞。

有了「體相用」的認知模型，拿來對照虛實三部曲，你會對其中的概念更加清楚：

一、「體」是虛實

虛實是兵法致勝的本質，要打敗對方，一定是用你的實打他的虛，以卵擊石是絕不可能獲勝的。當然，也有渾身是實的人生勝利組與樣樣虛的魯蛇，雖然這兩者比起來沒啥意思，打起來也是單方面的屠殺，可本質上還是虛實之爭，絕無例外。

二、「相」是攻守

攻守是虛實的表現形式，不論你是實還是虛，都可以透過攻守去裝孬還是裝屄，看是要低調內斂，還是文攻武嚇，要攻要守，你必須心裡有數。你看人家孔明在《三國演義》裡表現得多好，明明虛得要死，一樣煞有其事地用「守」把司馬懿唬得一愣一愣，雖然近來有不少翻案文章說司馬懿是怕失業才放著孔明的空城計不打，但就兵法的演繹上，孔明的空城計算是很到位了。

三、「用」是奇正

攻守雖是表相，但真的想表達的還是奇正概念。你的攻可以分成正攻（大軍壓境）與奇攻（繞道偷襲），守也可以分成正守（城牆堡壘）與奇守（空城計），本質仍脫離不了「奇正」二字。說穿了，奇正是讓敵人虛實盡顯的手段，也是用來掩蔽自身虛實的手段。《唐李問對》裡，唐太宗也說：「朕觀千章萬句，不出乎『多方以誤之』一句而已。」也就是說，所有兵法講老半天，還不就是想盡辦法讓敵人出包、誤判，讓自己有可趁之機。

所以，個人品牌的體相用是怎麼回事？

「體相用」講老半天，最後我想跟大家聊聊個人品牌的事兒，說說怎麼撈錢比較實在：

一、「體」是優勢與劣勢

具備基本職場知識的都知道，在江湖上打滾，首要是明白自身優勢與劣勢，也要能發揮優勢，避免劣勢來扯後腿。但除此之外，你還得明白市場的虛實，市場的「虛」是你的可趁之機，是目前還沒人做的藍海，也是獲利最豐富的地方；至於「實」，通常指的是早已被人做爛的紅海。

兩個概念結合在一起，答案也呼之欲出，要拿你的優勢切進市場藍海。甚至我會說，如果你已經觀察到市場的「虛」，那就別等了，想辦法先打進去再說，實力與自身優勢可以慢慢培養，但機會可是錯過就不再出現的。

二、「相」是行銷方式

你可以用影片、部落格去做內容行銷；可以拚命跑場子，主動約人出來見面做人脈串接，讓更多人認識你；當然，你也可以像我一樣，默默做好自己的事，等著別人來發掘你。

行銷方式沒有一定，能夠找到適合自己的方式最好，畢竟只是表相，自身優勢（體）與經營方向（用）才是真工夫之所在，所有的行銷都依附在這兩者之上。

在經營個人品牌上，我個人不喜歡主動出擊，喜歡採取守勢，我也不認為主動出擊是經營個人品牌的正確之道，這跟我的把妹哲學很像，我喜歡主動設局等妹子來跳，不太喜歡主動追妹，畢竟，**主動追妹一次只能一個，但局若設好，一次可能會有很多妹子同時跳進來**。你的個人品牌經營得好不好，應該從多少人主動找你來判斷，如果還需要主動出擊，那代表認識你的人實在太少，應該把心力放在經營自身優勢上，讓更多人知道你是誰。

能夠做到「老子這張臉就是名片」，你的個人品牌經營就成功一大半了，跑什麼場子啊拜託，要讓他們排隊來見你啊。

三、「用」是經營方向

經營方向可以簡單區分成爆紅與老實經營兩種，但不論你要拚爆紅還是老實經營，都該緊扣著自身優勢去思考。正如我們之前所說，假設你想長期經營的話，或許爆紅可以加速你的獲利，但無論如何，你都會回到產品本身，勢必走回基本面，沒有人在永遠爆紅的。

另一個檢視方法是，你能不能用十年的時間長度去評估產品的價值。這應該是我這本書第四次提到「行銷大神」了，在我寫下這段文字的前幾週，才聽到他把賓士車賣掉，宣稱要退休，但就我所知，行銷大神思考商機向來是以短線操作為主，最長也只有半年，在這行根本沒賺到什麼錢，估計是在行銷圈內的名聲已經臭到無法立足，過陣子又會開間公司重出江湖。

話又說回來了，能用十年的時間去評估產品與產業脈動，才是真正緊扣虛實的正道，而不會被炫目的奇招牽著鼻子走，能真正地「因敵而制勝」。

第七章

〈軍爭篇〉

領導團隊，同時擁有良好內心素質的祕術

Chapter 7

什麼叫悟性

先發制人還是後發先至

指揮系統的重要

妹子來勢洶洶怎麼辦

7-1

什麼叫悟性

孫子曰：凡用兵之法，將受命于君，合軍聚眾，交和而舍，莫難于軍爭。軍爭之難者，以迂為直，以患為利。故迂其途，而誘之以利，後人發，先人至，此知迂直之計者也。故軍爭為利，軍爭為危。

講完了三部曲的戰術指導原則後，《孫子兵法》在此來到另一個階段，從〈軍爭篇〉開始，討論戰場上的種種狀況，但這也是最難的一部分。

為什麼會難？明明大家都讀了《孫子兵法》這本天下奇書，照理說應該對世事明瞭通透，理當戰無不勝、攻無不克才是啊。事實上，有點sense的朋友應該不難發現，任何人只要花個三、五百塊，都可以擁有一本講得還不錯的《孫子兵法》解析書籍，甚至你想硬幹原文的話，半毛錢都不用花，Google上面統統有，這本曠古絕今的驚世之作，就躺在那兒等你去拿。

但問題也在這，任何人只要有臺手機或筆電，再連個網路，《孫子兵法》立馬變成自己的隨身顧問，打仗打到一半隨時可以拿出來翻閱，雖然來不來得及是另一回事，但至少在資訊取得上，大家的起點都是一樣的，於是決勝點從來就不是上了什麼課、讀了什麼書，而在於「悟性」。

我在這先幫「悟性」兩字下個定義：「悟性」指的是你多快掌握事情的規律，進而延伸掌握一門技藝、學問的學習速度。

你看唐牛和食神史蒂芬周，一個學藝十年，一個只不過去了一個月，但天分好的可以用一個月超越人家十年光陰，這就是資質的可怕。所以〈軍爭篇〉一開始就用「凡用兵之法，將受命于君，合軍聚眾，交和而舍，莫難于軍爭」這句話先來個下馬威，告訴大家要掌握戰場上的種種變化是件困難萬分的事，你簡單一想也知道，瞬息萬變的世界，哪有可能事事都算無遺策，能夠事前想出對應做法呢？你必須隨機應變，而隨機應變的能力，則取決於「悟性」。

好了，看到這邊大家也許會想：那不用玩啦，悟性嘛，感覺這是精子還在游泳期間就決定好的事，現在才討論要怎麼改善，還不如努力多燒點香、多扶老太太過馬路，期待下輩子投胎能有更好的悟性，現在要努力根本來不及了。

不盡然！

悟性的訓練方法

或許天生的才思敏捷無法透過後天努力而改變，像有些人天生對音樂有感，有些人算數學就是比別人快，看到數字也比一般人有fu，但大家也不用妄自菲薄，因為只有在最頂尖五%的戰場上，才需要跟人比資質、比天賦、比心理素質，**在普通人的一生當中，只要能夠進前一〇%，這項技能就足夠自己吃喝一輩子了**，而你完全可以透過努力達到前一〇%的水準。

除非你要比奧運，否則不用太在意自己是不是有天賦與資質，頂尖五%的戰場就留給頂尖選手去捉對廝殺，你只要到前一〇%，甚至是前一五%、二〇%，就足夠你賺可以花一輩子的財富。

那麼，透過努力所獲得的「悟性」又是怎麼回事呢？

一、首先，你要在一項技藝或領域下百分百的工夫

注意，是百分百喔，這項工夫你必須拚死達到前一〇%的水準，看你是要像前面講過的莫札特從三歲開始練琴，還是從現在起每天十六小時瘋狂操練，最近不是整天在講一萬小時的訓練理論嗎（其實真的有心達到頂尖，根本不止這個時數）？總之，不管是早點開始還是現在才趕進度，也無關你是不是有天賦，**你一定要有一項能跟人說嘴的本事**。

已經退休的棒球傳奇人物鈴木一朗，大家都說他是天才，但你只要到維基百科查一下他的童年……不，他根本沒有童年，人家從小學開始就不論寒暑、天氣，也不管有無考試，他老爸每天都要帶他練球滿八小時才甘心。我認為鈴木一朗是非常典型靠努力與自律去獲得成就的頂級運動

員，他的確有天賦（沒有天賦很難在大聯盟立足），但跟他的努力相比，也顯得微不足道。

有了完整的努力過程，你一定會知道學習這門工夫的各種甘苦（相信我，絕對是苦居多，而且多很多），也能從掌握每一項技巧中，漸漸理解這門工夫的規律。

二、把模組套到其他領域

第一門工夫最重要，同時也是你的作業系統。能夠在第一門工夫取得前一〇%的水準，等同於搭建好足夠強大的作業系統，基本悟性也就此成形，可以開始加裝其他軟體。這時候，**你所學的任何新東西，都可以用你原本那門工夫的視角去參照**。我敢說，鈴木一朗在解數學題的時候，一定會把變化題型想成各種變化球的打法，而要打好變化球，方法無他，多加練習而已。

順道一說，有了基本作業系統的學習經驗，你在新領域遇到問題和挫折的耐受力也會比別人強，因為你已經有過完整的學習經驗，自然知道學習過程中遇到瓶頸是天經地義的事，會比別人更耐得住寂寞，咬緊牙關去克服挑戰。

也就是說，**你的基本悟性不僅能幫你更快掌握事情規律，還能賦予你比別人更強大的心理素質，不會輕易放棄**。

我常用投資理財的角度來解釋把妹：找老婆就像是長期投資，只要大方向對，波動都可忽略不計；挑女朋友就像是中期投資，大方向稍微看一下，波動範圍稍加注意，跌太大時要知道停損出場；至於炮友關係不用說當然是短期投資，大方向不用管，飆一波賺了就跑，準沒錯。

唐牛為什麼輸給史蒂芬周？

雖然電影把原因歸咎到史蒂芬周那一句「這種東西很講天分的」，但如果我們把這兩人的背景和資歷都攤開來看，答案就呼之欲出了。

唐牛：中國廚藝訓練學院第一〇五屆畢業生，學藝十年。

史蒂芬周：身兼創業家、餐廳經營者、藝人、慣老闆、黑道，中國廚藝訓練學院研修一個月。

這下你懂了吧？唐牛做了一輩子的菜，甚至可以說一生只會燒菜這件事，腦中的認知模型只有一套，就是燒菜；可人家史蒂芬周在燒菜之前，已經從各種斜槓生涯裡累積大量的認知模型，有了這些認知模型打底，自然可以用一個月的時間，超越學藝十年但只有一套認知模型的唐牛。

一旦你有了基本悟性，〈軍爭篇〉對你來說也不再是難事，可以進一步講「迂直」了，這是整個〈軍爭篇〉的文眼所在，也會跟先前講過的「隨機應變」做個呼應。

7-2

先發制人還是後發先至

舉軍而爭利，則不及；委軍而爭利，則輜重捐。是故卷甲而趨，日夜不處，倍道兼行，百里而爭利，則擒三將軍，勁者先，疲者後，其法十一而至；五十里而爭利，則蹶上將軍，其法半至；三十里而爭利，則三分之二至。是故軍無輜重則亡，無糧食則亡，無委積則亡。故不知諸侯之謀者，不能豫交；不知山林、險阻、沮澤之形者，不能行軍；不用鄉導者，不能得地利。

〈軍爭篇〉的文眼是**「迂直」**兩字，把這兩字拆開來解讀，就是繞道而行與直線進攻兩種模式，一般來說，兩點之間以直線距離最近，單純從效率考量的話，的確是該正面突破解決問題，然而，這是標準的工程師思維，**很多事你用正面突破反而會愈弄愈糟，比如說人際關係。**

只會直球的是笨蛋

前面也說過，很多傻屄老闆仗著自己有錢，把妹永遠都是炫富那套，動不動在臉書或ＩＧ秀自己的名車（有時還是借別人的名車來炫，真他媽有夠瞎），跟妹子聊天，也總愛誇說自己今年營收好幾個億、買了多少間廠房土地什麼的。涉世未深的妹子，還真的被唬得一愣一愣的，乍看之下的確是很棒的公關策略。

但是，在明眼人眼中，這種直球炫富法簡直跟自曝其短沒兩樣。

一、錢進口袋才是真的

當過老闆的都很清楚，營業額再高，但毛利率始終在一%上下苦苦掙扎，再怎麼賺都是辛苦血汗錢；真正有本事的商場鉅子，絕對是在技術或商業模式上下工夫，透過產業升級來提升毛利。所以，老是拿營收數字做文章卻永遠避開最關鍵的毛利率，高手只會在心裡暗笑：**「只會扯營收，有種把自己的毛利率講出來啊！」**

二、炫富只能騙到傻屄

只有最底層被慾望掌控的魯蛇，才會吃你炫富這套，這也是為什麼傳直銷、金融詐騙等集團，最喜歡在大會上秀存摺和炫富，也因此，每次我看到有人在社群網站上炫富，自然會去了解一下他是不是直銷或詐騙背景。當然，如果你的目標是鎖定在這群人人搶著收割的韭菜，炫富的確是你該做的。

不過你永遠上不了檯面，也進不了真正有錢人的圈子。

三、真正的有錢人是很低調的

為什麼說進不了有錢人的圈子？因為在有錢人眼中，這種直白的炫富行為簡直跟裝屄的傻子無異，真正出身名流的富二代都很清楚知道，要小心身分暴露給自己帶來的種種麻煩。**只有暴發戶或童年時代被霸凌而有心理創傷的人，才需要靠炫富來療癒心靈。**

如果你真的很有錢，正確的做法是低調行事，但你不用擔心別人不知道你很有錢，只要你能認知到自我價值，你的潛意識會對你的言行產生潛移默化的改變，隨便一句話或舉手投足，旁人也會感受到你的自信與氣場，真正的王者，不會因為穿上小兵制服而掩蓋其鋒芒。

這就是以退為進的內涵，繞個彎反而能更快達成目標，硬碰硬只會把自己撞得滿身傷而已。這種無腦炫富法，正是原文所說的「委軍而爭利，則輜重捐」，為了爭奪蠅頭小利或滿足虛榮心，連糧草都不要，後果也不顧了。

說到這，或許有人會把「迂直」跟「奇正」混淆，我在這稍微補充一下：「迂直」是風格選擇，表現在進攻的形式上；其真正本質，還是不脫離「奇正」兩個字；最後的目的，是要讓敵人的「虛實」出現，讓他一刀斃命！

先發制人與後發先至

〈軍爭篇〉裡出現了一句被後人大肆使用的成語「後發先至」，也被視為各種競技活動的最高境界，比別人晚出手，看似先行讓招，但卻比對手更快擊中目標，不光是帶兵打仗，也是體育競賽中人人追求的華麗炫技。

但這與另一句戰爭金句「先發制人」似乎相違背了，到底是該先出手還是後出手呢？答案是：**「先發制人」要用銳氣**，**「後發制人」要用潛力**。我們一樣以把妹為情境，幫助大家理解這兩者的區別：

一、判斷你手邊資源是屬於銳氣還是潛力

把你身上種種資源一字排開，有顏值、身材、打扮、談吐、經濟能力、社會地位、才華、腦袋、情緒穩定度等九樣，**我認為適合當銳氣的有顏值、身材、打扮這三樣**，再怎麼說，只要你人一出現，這三樣東西就攤在眾人面前，作為馬前卒的第一印象，拿來當銳氣使用也是合情合理。

而經濟能力、社會地位、情緒穩定度則屬於潛力，前面也說過炫富是低能的行銷技巧，所以

除非你要糊弄傻妹，否則單純把妹的話，把這幾樣藏在手上當潛力，作為最後才秀出的底牌會比較適合。

剩下的才華、腦袋、談吐，則是看情況調整成銳氣或潛力，至於要看什麼情況，則是接下來要講的事。

二、依據情境與目的選擇先發還是後發

同樣是把妹，你可以根據自身目的，再細分成約炮和找女朋友這兩種。先講約炮好了，這可是許多宅男心中想做卻不敢說的美好夢想，那麼我問你了，你覺得約炮該靠潛力還是銳氣？答案應該很明顯，當然是銳氣！想辦法秀出自己的身材撩撥妹子的慾望就對了。

但我要提醒一下，秀身材外型來約炮，不代表你可以亂發照片，也不代表你可以直白問女生：「欲相幹無？」你應該用迂迴的方式去展現銳氣，靠打扮去展示品味和身材，再用若有似無的曖昧話語去表達意圖（我的課堂上有一堆範例，讓大家更進一步明白怎麼讓妹子想入非非）。

而要交女友的話，你的重點該放在潛力上。**前面提到才華、腦袋、談吐這三個彈性選項，你可以根據自身目的決定展露時機**。比如你身為樂團主唱，晚上空虛寂寞覺得冷，想物色一下女歌迷來陪自己，那就盡量把才華當成銳氣來用；但如果想交女友，最後再給她一個驚喜，可以在最

後一刻才讓她知道你的真實身分，會更加事半功倍。

銳氣和潛力不是二擇一

進階做法是把「迂直」的概念用到銳氣或潛力的展示中。如果你講時效、求快速，那就用「直」；而如果追求化骨綿掌般滲透到骨子裡甩都甩不掉的勁道，那你該用「迂」，用側面展示讓對方自行腦補，這招正是品牌行銷的關鍵祕密。

然而，這不代表銳氣和潛力只能像是非題一樣二選一，厲害的話你可以兩者兼備，甚至我會說，最高境界是交互使用，讓銳氣和潛力輪番上陣，再搭配前面講過的「出其不意，攻其不備」，我敢說，只要不是階級差距過大，沒有你攻不下的妹子。

而這也是把妹的另一項武器——「反差」的應用哲學。

7-3

指揮系統的重要

故兵以詐立，以利動，以分和為變者也。故其疾如風，其徐如林，侵掠如火，不動如山，難知如陰，動如雷震。掠鄉分眾，廓地分守，懸權而動。先知迂直之計者勝，此軍爭之法也。軍政曰：「言不相聞，故為金鼓；視而不見，故為旌旗。」夫金鼓旌旗者，所以一人之耳目也；人既專一，則勇者不得獨進，怯者不得獨退，此用眾之法也。故夜戰多火鼓，晝戰多旌旗，所以變人之耳目也。

「疾如風，其徐如林，侵掠如火，不動如山」，正是鼎鼎大名的日本軍神武田信玄，在讀完《孫子兵法》後拿來當作設計軍旗的原型，所以你常可以在戰國歷史劇中看到武田信玄軍隊出場時舉著「風林火山」的大旗，現在你要知道，這四個字是出自《孫子兵法》，武田信玄山寨我們的東西！

但是你定睛一看，「風林火山」加上原版的「難知如陰」與「動如雷震」，不正是軍隊在戰場上的最高表現嗎？要達到這項目的，必須正視指揮系統的重要，就算你主帥能力再高，但軍隊不聽你的話，又或者資訊流通效率過低，導致命令傳達不確實，我敢說你的軍隊也強不到哪裡去。

那要如何打造出「風林火山」的強悍軍隊？一開始得從主將的帶兵風格，甚至心臟大小說起。

你敢不敢給員工放福利

說到職場上的福利，大家想到的不外乎加薪幅度、放假、明確的升遷制度，像掛在眼前的胡蘿蔔，驅使你拚命努力；如果是帶兵打仗的話，會在事前先說砍幾顆人頭算多少戰功，有了戰功自然能加官晉爵，大家才會為了逐利而放手一搏。

沒錯，雖然企業需要講願景，但人家員工也是有老婆小孩要養，阿兵哥拚死打仗，管你什麼世界和平，還不就為了每月固定的軍餉混口飯吃，所以最能推動底下部屬向前的，正是「利益」。

這裡要分兩部分來說，一個是你獲利的方式，另一個則是你處理利益的方法：

一、你怎麼賺錢

做事業要賺錢不外乎開源（多接單提高營業額、提高技術增加毛利）與節流（cost-cutting；降低成本），最高境界當然是雙管齊下，讓營業額和毛利率同步成長，又能減少不必要的流程和浪費，這是每個做生意的人夢寐以求的事。當然，既然是理想狀況，當然不值一提，比較需要當作警語提醒大家的是，一般老闆即使百般無奈，也不得不為的必要之惡——cost-cutting，第一個遭殃的往往是員工的薪水。

是的，你透過苛刻員工來獲得利益，除了證明自身能力不足，員工也看在眼裡，但這還不是最大的問題，只要你能把福利放出來，你要他們把命交到你手上，他們也甘之如飴。

二、你怎麼處理利益

公司賺了錢，你是先想辦法放進自己口袋買房、買股票，還是把利益讓出來與員工共享？原文的「侵掠如火」我反覆玩味很久，要知道，在古代打仗向來有不明文規定的屠城傳統，可說是將領和士兵之間的默契，士兵拚死打仗跟你一起玩命，現在城池得手了，你總要給他們一點獎勵吧？於是屠城後開放搶錢搶糧搶娘們就成了最好的方法，算是種體制外的福利，也是我們先前講過「因糧於敵」的概念，直接在敵國境內吃他的用他的。

但在職場上你可不能搞屠城這套，要搞體制外的福利，你得偷偷來才行，從人性角度出發思考。一般員工對於看得到的體制內福利，往往不會特別感激，他會認為既然明文規定，福禍都由自己掌握，達標之後的獎賞也是自己應得的，跟你這主管一點屁關係都沒有。但若你願意私下給獎金，或是偷偷給假，甚至把他找來辦公室聊天，允諾找機會幫他升官、替自己做事，那效果可就不一樣了，私下處理的獎勵效果，永遠是檯面上封賞的十倍以上。

再提供一招發年終獎金的方法：假如你今天公司獲利豐厚，預計給員工發的年終是四個月，可以請人資先預告只發二個月，最後再利用尾牙宣告，以你的個人名義，把年終加碼到四個月，透過簡單朝三暮四用來糊弄猴子的方法（從早上三顆晚上四顆，變成早上四顆晚上三顆），一句話輕鬆收割員工的忠誠。

指揮系統的核心哲學

再來說說指揮系統，指揮系統在戰爭中扮演重大角色，在冷兵器時代，沒有各種通信設備幫忙輔助，只能靠著旗號、煙火等古老設備指揮士兵；但現在科技昌明，現代戰爭的指揮系統，大概像你頭戴電競耳麥跟隊友聊天打射擊遊戲一樣方便，我們需要的是從哲學上去了解指揮系統的本質，也就是一切的主心骨——將帥的內心。

你把「疾如風，其徐如林，侵掠如火，不動如山，難知如陰，動如雷震」這段話拿來把妹也是說得通的：首先你要能繞開妹子的防備心，在無形之中滲進她的生活；面對她的廢物測試（shit test）[9]，要能如如不動地把框架牢牢握在手上；又要保持一定的神祕感，去維持她的競爭焦慮；在花好月圓燈光好氣氛佳的夜晚時刻，你要能感受到妹子的情慾，二一添作五，直接摸上她的床；最後，如果不幸妹子太過白目、公主病發作，你也要敢冷落她，讓她知道得罪你的下場（冷落她不是對她發飆，切記啊）。

然而，許多把妹初學者會把上述這些當作行為規範，或是哆啦A夢口袋裡的各種工具，就差沒把風林火山四個字刺在手上提醒自己了。但這種捨本逐末的事，向來不是我所提倡的，能把一支強悍軍隊指揮得如同自己的左右手一樣，指揮者絕對厥功甚偉，你該問的，不是如何擁有一支強悍軍隊這種表面問題，而是該直指核心，問問自己如何成為靠譜的指揮者。

把妹指揮系統的主心骨只有一樣東西，叫作「心態」，要擁有正確的心態，不妨緊扣著「利害」兩字去思考，每一個起心動念，甚至要出手之前，問問自己：**這麼做有什麼好處和壞處？**

你也能從妹子的角度思考，到底這麼做對她而言會有什麼感受，就算是正確的事，在錯誤的時機做了，也只會招致反感。緊扣著利害關係，才能真正做到「兵以詐立，以利動，以分和為變者也」，要使詐、當暖男、用正確技術撩妹，也能如臂使指，真正做到岳飛的名言：「運用之妙，存乎一心。」

9－**廢物測試（shit test）**：女性藉由不合理的舉動挑戰男性，測驗其社交智慧，以快速篩選有價值者。

7-4

妹子來勢洶洶怎麼辦

故三軍可奪氣，將軍可奪心。是故朝氣銳，晝氣惰，暮氣歸。故善用兵者，避其銳氣，擊其惰歸，此治氣者也。以治待亂，以靜待嘩，此治心者也。以近待遠，以佚待勞，以飽待飢，此治力者也。無邀正正之旗，無擊堂堂之陣，此治變者也。故用兵之法，高陵勿向，背丘勿逆，佯北勿從，銳卒勿攻，餌兵勿食，歸師勿過，圍師遺闕，窮寇勿迫，此用兵之法也。

還記得我在前一章〈虛實篇〉中留下個疑問，跟大家提到要主導關係或維持框架，不見得要靠「贏」的方式，透過〈軍形篇〉的最後一段原文，我來幫大家回答這問題。

說到「贏」這個字，以男人來說，因為我們從小就被灌輸「努力才有收穫」的價值觀，再加上天生的工程師思維，要獲得事業績效，思考的方向常常是做點什麼，付出努力去「贏」得自己想要的，和運動比賽一樣，拚命練習才能戰勝對手，是非常直觀的想法。

雖然工作或運動競技的確適用這種思維，但偏偏把妹不是，甚至不光是把妹，人際關係也適用這條，**框架的維持或主導，有時不是靠做點什麼去「贏」來的，甚至表面看來你還是個輸家，但雙方互動所呈現的，卻多半是以對方追著你跑為主，最後的得利者其實是你。**

如何面對來勢洶洶的妹子

這裡的來勢洶洶，指的不是瘋狂主動追求你的女生，以華人的教育環境來說，你幾乎看不到外貌水準在標準之上的女生主動追求，會幹這種事的，多半是你看不上眼的龍妹之流，除非你是名人，否則絕對不要指望女生會主動追你，真的遇到了，你應該要擔心是不是遇到詐騙或仙人跳，小心謹慎才是。

來勢洶洶的妹子，指的是框架比一般人強大，會想盡辦法讓你進入她力場內的女生。

最經典的類型，莫過於整天在臉書開出自己挑男人的標準，什麼要有車、有錢、對女生好、練健身、有肩膀，不管裡頭的條件有多不正常，相信我，只要她敢開，也不論妹子的長相，一定會有一堆男人爭先恐後跳進她的框架裡。這裡不是說有車有錢願意健身是不好的事，而是只要女生開了標準，你他媽還拚命向她證明你很適合她，就算你真的技壓群雄，的確是眾多追求者中實力最堅強的一位，開的車也是賓利大牛之流，本質上，你還是在向她證明自己，**就算你是亞馬遜**

創辦人貝佐斯，踏入女人的框架，你就等著被她予取予求吧。

聽說他最近才因為離婚賠掉將近一半的身家，結婚事小（反正這年頭離婚跟分手一樣簡單，找第二任老婆亦如是），但自己的財產才是最該牢牢掌握在手上的東西，千萬不要輕易把框架的主動權交出去，這會讓你簽下有如八國聯軍般喪盡一切權益的愚蠢婚前協議。

我在這裡要再次勸告老愛用工具人方式把妹的男生：你跟妹子互動的框架，會延續到進入長期關係之後，**當你用工具人的犧牲奉獻追到女生，會注定一輩子要這麼犧牲奉獻下去，絕不可能逆轉。**

所以如果你沒有當一輩子工具人的覺悟（以及當工具人的財力），千萬不要跳進自毀前程的工具人框架裡。

要對付框架強大的妹子，正確做法是不要理她，也是原文說的「避其銳氣，擊其惰歸」，當她氣勢正旺，仗著年輕貌美拚命開標準時，你千萬不要著她的道，直接略過她的一切標準，甚至無視對你的廢物測試，先避其銳氣，**等到她發現這招對你沒用，又發現其實你是個很有價值的男人，開始主動找你搭話時，那就是你擊其惰歸的時候。**

當然，你也可以等她年紀大了，急著想把自己嫁掉再來擊其惰歸，但你實在沒必要為了一個妹子而高唱李聖傑的《痴心絕對》。別騙我了，男人不管幾歲，對女性的偏好永遠停留在二十到三十歲，還是順應自己的天性比較實在。

女人的無敵星星

自我粉專開辦以來，最常見的問題，大概就是問我該如何追有男友的女生。每次遇到，我都會先反問：他們是不是正處於熱戀期？如果是的話，那做法只有一個，一樣是原文的「避其銳氣，擊其惰歸」。

當一對情侶處於熱戀期間，是他們彼此真實慾望正如烈火的時刻，巴不得整天跟對方黏在一起，眼裡只有對方的好，所有的外界紛擾，對他們而言都只是感情路上的微小阻礙，他們只想沉溺在兩人世界裡，沒空也沒心情去搭理外面的鳥事，正如吃了超級瑪利歐的無敵星星（Super Star）一樣百毒不侵，比美國隊長永遠不生病的超級士兵血清還猛。

當然，也包括你自以為的橫刀奪愛。

這時候出任何招式就顯得你自己愚蠢，不僅沒用，容易引發女生對你的反感，甚至女生有極高可能告訴自己正打得火熱的男友，惹來男生找你算帳。

我知道有些男生會有種迷思：我他媽追她追了兩三年，她怎麼可以跟認識不到二週的男生在一起？

沒錯，哀叫情何以堪的背後，卻是現實的殘酷真相，我知道這很讓人難以接受，感情世界從來就不是線性邏輯可以預測與解決，也不是商場、職場那套「努力就有收穫」的傳統思維可以應付，你只能接受，然後想辦法做危機處理，讓自己的內心調整到能正常過日子的狀態。

不過，你也不用擔心，我的講座和課程都提到，九九%的男女只要進入長期關係，勢必會進入死胡同，導致女生對男生的熱情頓失，很多男女之間的分手，甚至是女生偷吃、外遇，根本原因都在此，想避開此事，男生必須很有自覺才行。

但是，這也是你橫刀奪愛的時機。

或許有些道德魔人會想批判橫刀奪愛的做法，這裡要先說一下，我的立場向來是類似工程師或科學家這類的角色，用熱愛武器的心情跟大家分享武器的使用方式，《孫子兵法》本身也是威力強大的思想武器，我所分享的也是男女之間的互動規律，你應該在理解規律後，找出對自己有利的做法才是，舉著道德當大旗，不加思索地未審先判，未免把格局做小了。

事實上，長期關係的真相也是讓人難以接受的殘酷：**男女之間的交往，勢必會因為時間拉長產生讓小王趁虛而入的情歸**。只要你願意耐心等待，時機出現又能抓緊要害，就換成她的男友情何以堪了。

第八章

〈九變篇〉

培養利中見害、害中見利的高手眼光

Chapter 8

方法要替目標服務

什麼樣的女生不能一直睡

如何以不變應萬變

學會兩害相權取其輕

8-1

方法要替目標服務

孫子曰：凡用兵之法，將受命於君，合軍聚眾，圮地無舍，衢地交和，絕地勿留，圍地則謀，死地則戰。途有所不由，軍有所不擊，城有所不攻，地有所不爭，君命有所不受。故將通於九變之利者，知用兵矣；將不通於九變之利，雖知地形，不能得地之利矣；治兵不知九變之術，雖知地利，不能得人之用矣。

來到〈九變篇〉，這算是我個人特別有共鳴的一篇，因為它講的是隨機應變、不拘章法。我常覺得，講師這行做久了，也會是很好的學員，通常一門課，最考驗講者的往往不是上課內容，而是課程中學員隨機出現的各種提問，你可以從講者遇到問題的第一反應，判斷他是有備而來，還是隨機應變來解決問題。或許有備而來很敬業，代表他做了許多功課，也或者累積大量的問題資料庫，能夠信手拈來給出好的答案；但真正厲害的講者，在遇到前所未見的刁鑽問題時，你可以從他臉上看到靈光一閃的表情，之後給的答案不拘章法，又能有效解決問題。

要學會隨機應變這種本事，跟人格特質有點關係，太講求系統化、事事要求SOP的人，是學不會這種高級本事的。想學的話，必須在心中放掉一點對完美的堅持，沒事找朋友喝個兩杯、講點幹話，像詩仙李白的隨興與瀟灑才是你該學的。

除了人格特質的養成，你還可以緊抓著〈九變篇〉中的文眼去逼自己隨機應變——「途有所不由，軍有所不擊，城有所不攻，地有所不爭，君命有所不受」，這五項不拘常法的準則（特別是「君命有所不受」還被很多沒政治頭腦的將領拿來當作抗命的理由），說穿了，都是用「利害」兩字一以貫之，是的，〈九變篇〉的文眼，正是**「利害」**。

一般而言，利害這東西應該是戰前會議就該決定的事，也就是在〈始計篇〉就該先想清楚，但我必須說，一群人躲在辦公室開會，最多也只能決定大方向，所想得到的狀況，也會因為手上的情報不足而有所限制，真實戰場可是瞬息萬變，就算你照章辦事，以為按表操課能穩當達成目標，可只要中間出點差錯（有時問題根本不在你身上），反應不夠的說不定就此亂了套，原本計算好的穩操勝券，反而有可能滿盤皆輸。

〈九變篇〉正是來幫你解決戰場上種種狗屁倒灶的變化。

人人都想把女神，但女神真的存在嗎？

再說一次，我認為對男人來說，把妹不光是解決我們與生俱來的交配需求，也是用來訓練心性穩定的絕佳方法，**最佳狀況是你完全不動情，一切「因利而動」去決定你的戰略與戰術，也包括及時停損的各種斷捨離，這才是人生大智慧的展現**。

大多數想結婚的男人，心裡對另一半往往有個模板或典範存在，被洗腦洗得嚴重一點的，會認為結婚對象應該是個「完美伴侶」，不僅要長得正、身家清白，還要個性溫柔婉約、事事以男人為主，說真的，開條件完全不是問題，你也可以說非郭雪芙之類的女神不娶，但把不把得到卻是另一回事。

一、首先，你會發現他媽的根本沒有女神

用數學模型來解釋，長得正、身家清白、個性好，每種特質的女生都代表一個集合，所謂完美女神，正是一切美好特質的交集。那你告訴我，這種女生存在嗎？空集合的機率非常高啊！

二、就算有，你也把不到

假設世上真的有女神存在，也有幸給你遇到，但絕對會有更多有錢有勢的小開富二代與你競

爭，你的競爭對手個個擁有比你豐富的資源，你唯一的機會，大概只剩下手上這本書了……如果你願意相信翻轉階級很容易的話。

想盡辦法要破除大家對真命天女的幻想，其實只是想更進一步幫大家釐清「利害」的本質，或許你所思考的利害真的存在，但也必須是生命裡有機會遇到才有討論的必要。把到正妹女神而受萬人景仰的「利」，和把到正妹女神而怕被當小王戴綠帽的「害」，雖然都是真的，但事實是你他媽根本把不到女神啊，何必在那兒瞎操心？

所以要學習隨機應變的第一步，是緊扣與自己有關的利害，那才是正途，有了正確目標，你才能真正「不擇手段」，〈九變篇〉講的，也就是不擇手段、不拘常法的應變原則。

沒有非把不可的妹

我自己把妹所考量的利害，不外乎對自己的人生有沒有好處，這個「好處」可是有明確指標的，首先臉蛋夠正看了開心，再來腦子好使可以聊天，這些都是貨真價實的「利」，你隨時可以透過眼睛和腦袋來驗證。至於「害」，除了妹子本身的情緒問題，會牽扯到你睡過她之後的種種副作用，也包括你在把她的過程中許多無謂的心神消耗，**如果你發現這妹子會讓你過度思念，甚至無心事業，那你該回到最原先的「利」思考**，說穿了，不論是她事後魯𫎇或你自己無法控制心性，這妹子的存在已經在你生活中出現負面影響，最好的處理方式，是直接斷捨離。

然而，在我教把妹的這些年裡，發現大多數男人心中並沒有這類利害考量，看到喜歡的妹子，個個都想把，而不在乎會對自己的生命造成多大負面影響，甚至受妹子的一舉一動所影響，起心動念都繞著她轉，讓生活大受困擾。

雖然「和喜歡的女生永遠在一起」是多數男人心中的夢想，但鮮少有人會去質疑自己喜歡的女生是不是瞎妹，會不會拖垮自己的人生。

能用「沒有非把不可的妹」破除掉對真命天女的執念，你才有資格擁有揮灑自如的靈活頭腦與手段，甚至跌破眾人眼鏡，屢出奇招。嚴重的真命天女患者，終其一生也無法參透「放著女生的ＬＩＮＥ不讀不回一個月」這招的高明之處在哪，**只有領略「妹有所不把，床有所不上」的原則，你才能用遊戲的心態冷眼旁觀全局，不時出點奇招撩撥妹子。**

最後要提醒大家，隨機應變不等於胡搞瞎搞，大前提還是自身利害，只有緊扣利害，不拘常法，才是突破瓶頸、獲得奇效的關鍵。

我有一位專門偷心的渣男朋友，和我分享過他的絕招：他曾經跟炮友兩人一起到臺東來個兩天一夜的甜蜜小旅行，晚上兩人共處一室，他卻完全沒有撲上去做男人該做的事，只是陪她聊天，聊了一個晚上。過陣子女生反過來問他：要不要乾脆變男女朋友？

這就是偷心的方法，也是被慾望牽著鼻子走的男人永遠做不到的事——要你跟一個哈得要死的女生共處整晚而不睡人家，你做得到嗎？

8-2

什麼樣的女生不能一直睡

是故智者之慮，必雜於利害。雜於利，而務可信也；雜於害，而患可解也。是故屈諸侯者以害，役諸侯者以業，趨諸侯者以利。

前一節最後留個經典的偷心案例供大家參考，目的是希望喚起大家對「利害」兩字的深刻體認，這裡我想透過一個鮮少有男人願意認真思考的問題，教教大家什麼叫作「智者之慮，必雜於利害」——什麼樣的妹子不能一直睡？

沒錯，睡一下可以，但一直睡必須要考量更多事。

一般來說，男人要睡妹只有一個關鍵理由：夠正，沒了。有些教女追男的書會用一些似是而非的幹話去迴避「女人應該要變漂亮」的話題，還要女人用什麼掉手帕的方式去接近心儀的男生，但事實上不過是毫無幫助的心靈雞湯，**真正在情場與職場享盡好處的妹子，絕對知道用自身外貌優勢從男人身上撈盡各種父權紅利**，平常找工具人接送根本只是小兒科，離婚還能從前夫手上拿個幾千萬的房子，這才是手段高超的女人在做的事。

總之，不論是小打小鬧把男人當駄獸在用的公主病患者，或是進一步把男人升級為提款機的綠茶婊，就連想正經找感情的女生（當然是有腦懂事的那種）都知道要先把自己變漂亮，後續才有下文，畢竟，男人就是吃這套，毋庸置疑。

然而，雖說透過外表挑妹子是根植在男人腦中的天性，兄弟你也的確不用因為自己喜好女色而感到羞恥，但若你只看得到女人美貌所帶來的「利」，卻忽略美貌背後糟糕透頂的個性所帶來的「害」，睡是睡了，爽也爽到了，但夜路走多總會遇到鬼，踢到鐵板絕對讓你後悔莫及。

不能亂睡的妹子

「啊可是她就很正啊，不能睡一下嗎？」大多數人看到小標題，第一個想問的應該是這個，沒錯，男人身上的血液容量有限，衝向小頭時，大頭會變得無法思考，看到正妹往往不管三七二十一，先睡了再說。在回答這問題前，我們先解決小標題的疑問，告訴大家哪些妹子不能亂睡。

喔對了，別睡龍妹（如果你他媽還硬得起來的話），外貌應該是基本門檻，千萬別讓你的小頭受委屈了。

一、情緒管理有問題

你要觀察她的情緒狀態是否暴起暴落，如果她嗨的時候很嗨，但沮喪的時候卻像溺水找浮木一樣，開始找人亂吐苦水，甚至安全感低落，極度需要人陪，這種妹子可要小心了，這代表她無法獨處或挫折忍受度低，一不小心讓她玻璃心碎裂，說不定會奪命連環call或殺到你公司，倒楣的絕對是你。

二、原生家庭有問題

記得，**原生家庭父母的相處模式，有九〇%的機率會複製到下一代身上**，也就是說，如果你真的很喜歡這女生，想把她追來當女友，在出手之前，不妨先瞄一下她父母的相處狀況，八九不離十，這也會是你跟她交往後的相處狀況。

所以嘍，如果她的父母整天吵架，或是媽媽整天指著爸爸嫌東嫌西，你就得好好思考這是不是你要的生活。

三、價值觀很有事

我曾經看過一個才十八歲就整形整得亂七八糟，把自己搞得塑膠味十足的女生，後來才知道原來她老媽年輕時被男人拋棄，所以拚命灌輸她「把自己變漂亮從男人身上撈盡好處」的價值觀，**這種內心脆弱導致價值觀偏差的妹子，絕對不是你該碰的**，遇到這情況，你該做的事是敬而遠之，閃愈遠愈好。

上面這三種，可說是隱藏在漂亮外表裡頭的「害」，多數男人缺乏幫助大頭正常運作的血液流量，只見其利而不知其害，先睡再說的結果，往往惹來妹子無止境的糾纏，徒耗自己的生命。

不是吧……我只是要睡她，需要這麼麻煩先做身家調查嗎？

大家看完了這些亂睡妹子的「害」，心裡應該會有這段OS，但這和前面講的疑問，其實是同一件事。說實話，雖然我千交代萬交代睡妹子前要評估再三，但我知道大多數人都是先睡了爽完再說，哪有時間去了解妹子個性，還要拜見人家父母了解其互動狀況，又不是要交往，何必搞這麼麻煩？

會問這問題，代表你抓到核心：是的，你要知道「睡妹」跟「把妹」是不同狀況。

在我的課堂裡，**把妹成功的預先條件叫「跟妹子上床」，能做到這件事情，才有資格談相處，先得到她的人，你才有必要認真評估，是不是該連她的心一起偷過來**。

所以，只看妹子的外貌而想盡辦法把她弄上床，絕對是合乎真實而且會發生的多數狀況，

「先睡再說」才是酒吧夜店天天上演的真實戲碼。

但是，你們他媽打完炮之後總會聊天吧？這時的聊天，才是決定要不要繼續相處的關鍵（當然妹子也會評估你的狀況），**一個人的人品、情緒穩定度，甚至是家庭狀況，絕對會在打完炮的事後菸當中透露蛛絲馬跡**，你要有足夠的敏銳度，才能釐清頭緒，對這妹子的心理狀況理出個大概輪廓，如果不幸她完全符合前面說的那三種類型，不妨把這次的魚水之歡，當作到麥當勞或肯德基點個全家餐之類的垃圾食物，吃垃圾食物是很爽沒錯，但吃個一次就好，天天吃的話絕對有害健康，千萬別跟心理有問題的妹子講太多話，讓她投入過多感情，你會甩也甩不掉，衰的絕對是你。

行文至此，在多數男人心中，應該會出現一個技術問題：哭爸，你不聊天，不跟對方談感情，是要怎麼睡她？這太違反直覺了吧。

完全不會。我的理由如下：

- 我的課堂上放了一堆無法公開的實例，足以證實你要睡一個妹子，完全不需要先跟她有太多的情感交流，在頭一兩次約會就能達陣。
- 拜女性主義所賜，現代的妹子愈來愈會替自己找樂子，有些玩得還比你更兇，這大概是女性主義替男人帶來的「利」（至於「害」，那可就不好說了，有機會到粉專私訊我，或是到課堂上找我聊聊）。

● 事實上，你不跟妹子有情感交流就先把她弄上床，後續才不會有更多麻煩，人際相處的種種問題，多半出自付出與期望不相等，有了情感交流，自然會有不切實際的期待，公事公辦反而才是正解。

所以結論出來了，遇到喜歡的妹子，你應該想辦法先睡再說，但過程中必須保持冷靜的頭腦（我是指相處過程，不是指打炮過程），去觀察她的內在是不是有你無法忍受的「害」，如果有，記得別再留戀，在她投入更多感情之前，你該及早抽身閃人。

8-3 如何以不變應萬變

故用兵之法，無恃其不來，恃吾有以待也；無恃其不攻，恃吾有所不可攻也。

這段話可說是全中華民國國軍最熟悉的一句，記得我當兵的時候，每次看《莒光園地》，三不五時聽到旁白把這句話掛在嘴邊，搞得大家退伍後，整本《孫子兵法》也只會這句。本來嘛，《孫子兵法》始終都強調實力的重要，《莒光園地》藉此宣揚國防武器的重要也是很合理的，然而「以弱勝強」是一般草包對《孫子兵法》不切實際的幻想，真正讀透的人，都知道打勝仗的奧義在「以強擊弱」，所以雖然整部兵法分成十三篇，但幾乎每篇都可以讓你在字裡行間感受到基本面的重要。

不過，雖然〈九變篇〉在強調隨機應變的重要，但這裡卻主客互換，話鋒一轉，告訴大家萬一遇到對方的各種隨機應變又該怎麼處理，答案正是「以不變應萬變」，等他來就對了。

「以不變應萬變」雖是個戰術原則，是個手段、方法，但在使用之前可是有大前提，不是每個人或每個狀況都可以無腦使用這招，你必須心裡有數才行：

一、你對雙方實力落差有絕對自信

正所謂知彼知己，百戰不殆，一旦你對敵我雙方的實力落差有清楚的了解（當然是你強他弱），對方再怎麼耍花招，都可以視作引導你產生誤判的小手段，不要鳥他就對了。

記得，弱的一方才需要靠奇兵逆轉，如果你對雙方實力瞭然於胸，就不需要跟著他放的音樂跳舞，甚至也不用想出什麼奇兵，堂堂正正對決，正面輾壓才是變數最少，同時勝率最高的方法。

二、你知道對方在耍花樣

當然，世事豈能盡如人意，哪有可能每次都知道對方手裡有幾張好牌，遇到這種情況，你不妨思考以下兩件事：

1. 不要最大

在一段關係中，不論是情場跟妹子互動、商場跟對手廝殺，又或者在職場跟老闆交鋒，請你謹記一個原則，**誰愈不需要對方，誰就擁有愈大的主動權**。所以當妹子亂撩或是已讀不回搞得你心煩意亂時，請仔細想想這段關係是不是非她不可，只要你能突破真命天女症的盲點，發現自己手上還有其他選擇，自然能以不變應萬變，任她再怎麼出手，也拿你沒轍。

2. 事若反常必為妖

再更進一步思考，如果你不需要對方，當然沒空一直出手去撩撥對方，光忙其他目標就來不及了，對吧？如果今天妹子頻頻主動敲你訊息，但講沒幾句話卻馬上發洗澡卡或睡覺卡展示自己的高價值，又或者擺出一副高姿態模樣，試圖讓你進入她的框架，你要有好使的腦袋可以判斷，**關鍵在於「頻頻主動」這件事，後面的高姿態統統都是幌子**，對其他男人或許有用，但理論上你買了這本書腦子應該比一般人多上好幾個檔次，要有火眼金睛看穿一切假象。

記得，行為永遠比言語更能證明一個人的真實意圖。

三、你有王牌還沒出

你的真實身分（比如你可能是個和我一樣沒那麼紅的網紅、作家、新創公司老闆）、家產、社會地位，**凡是能帶給社會價值的，統統都可算作王牌的一部分**，而王牌，應該是擺在最後才拿出來的撒手鐧。

我在前面的〈虛實篇〉講過炫富的壞處，事實上這也是很多不擅把妹的有錢人最常犯下的低級錯誤，在一開始炫富，不光是讓妹子的注意力放到金錢上，無法注意到男人的雄性魅力，你還因此喪失觀察妹子個性和腦子的好機會。

其實不難思考，你想嘛，如果你今天把身分或萬貫家財統統藏起來，用最真實的自己跟妹子互動，妹子當然只能根據她手上有的資訊去決定互動策略，你刻意隱藏的資訊，將不再是她的判斷依據，她自始至終會覺得自己是在跟一個窮小子來往，真實態度也會一覽無遺，她出的所有招式，你也可以好整以暇看在眼裡。

當然嘍，見錢眼開的妹子不是沒有，嫌貧愛富的女生在這社會上也未曾少過，**如果你希望找個不會見錢眼開，個性又好的女生，一開始就該把手上鈔票藏好，呈現除了金錢以外的其他樣貌。**你會發現，當車鑰匙不小心掉出的那一刻，會有多少原本愛理不理的妹子態度產生一百八十度大轉變（這種妹子可以不用再理她，當然你要玩玩的話我是沒什麼意見），而原本跟你互動良好的妹子，也會因為這份「驚喜」而更加離不開你。

絕對自信的來源

「以不變應萬變」的基礎在於對實力的自信，**而自信的真正來源，在於你有其他選擇**，有了其他選擇，你才不會因為對方的一舉一動而患得患失，被牽著鼻子走。

當你手上有好幾個妹子同時運作，從此被已讀不回也不需要擔心，因為你隨時都能轉頭去找另一個妹子遞補，這就是擁有多重選擇的威力，**只要安全感不是放在同一個籃子裡，沒人可以讓你的心情受到影響**。

就我觀察，很多把妹魯蛇，通常手上只有一個「最喜歡的女生」可以出手，更慘的是，他們的生活也只剩下「追女生」而已，工作、經濟狀況、社會地位卻一塌糊塗，一旦妹子察覺到你像顆衛星一樣只會繞著她旋轉，對她而言，你將不具備任何吸引力，想翻身只能盼望奇蹟出現了。

正確做法：其實買了這本書已經跨出成功的第一步，再來你需要獲得一切與把妹有關的正確知識，看是要上課、上網看文章、讀書，都可以。如果時間不夠或經濟狀況不允許，那也沒關係，把時間省下來賺錢或衝事業，都是很棒的方法。

永遠讓妹子知道，她需要跟其他女生競爭才能贏得你這項獎品，甚至你也可以讓事業成為她的對手，讓她知道你還有正事要忙，不是隨call隨到的奴才角色，醉心在工作上，絕對是提升男性魅力的必要法門之一。

8-4

學會兩害相權取其輕

故將有五危：必死，可殺也；必生，可虜也；忿速，可侮也；廉潔，可辱也；愛民，可煩也。凡此五者，將之過也，用兵之災也。覆軍殺將，必以五危，不可不察也。

〈九變篇〉的最後，孫子提出「將有五危」的概念，說明為將者要是不幸具備這五種性格，將嚴重有礙變通，再怎麼說，一旦心裡有所執著，你說腦袋會有多靈活，我想程度也不會高到哪去，人只要被抓到弱點，修為不夠的很容易被情緒所掌控，進而腦袋發昏，絕不會有好下場。

推薦大家去看二〇一〇年版的電視劇《三國》，裡頭用很多不同於原著的角度去詮釋戰場謀略與領導統御藝術，其中有個新增橋段，是孔明和劉備在討論手底下關羽、張飛這兩員猛將一事，原先劉備以為孔明擔心的是張飛容易酒後誤事，甚至上演醉後大丈夫戲碼，幹出自己都不知道的蠢事，但事實上，孔明真正擔心的是關羽，關羽的傲氣，讓他普天之下只願對劉備一人服氣，其他像曹操、孫權等天下豪傑，甚至包括孔明自己，關羽都不放在眼裡，這種性格注定誤事。

由陸毅飾演的孔明最後下結論：身為領導者，最重要的是性格，或許萬人敵的武力能成為奮勇殺敵的衝鋒首選，但若要從帶領部隊執行任務的「將」，升級成縱觀全局又能獨當一面的「帥」，性格才是最重要的。

只有讓理智凌駕在情緒之上，一個人才有可能成大器。

「取」要勇氣，但「捨」需要智慧

五危對應到五種執著，分別是勇猛無懼、貪生怕死、易怒急躁、愛惜名譽、婦人之仁，有些是性格本身的缺陷，有些則是社會文化（或是自己）幫我們扣上的形象面具，你會發現華人文化向來鼓勵我們為了心中信念犧牲，用勇氣去追逐珍惜的一切，像民族大義、愛情、親情、友情，願意拿身家去賭一把的，總能在朋友之中贏得滿堂彩，至少電影是這樣演的。

然而在使用勇氣之前，有多少人忘記我們還擁有「腦子」這項絕佳武器，賭上身家的同時，你應該先動腦想一下：

一、值不值得

以愛情或把妹來說，我的確看過不少人用賭身家的方式在追妹，為了妹子投注所有心力加散盡家財，日常接送已經是基本配備，我還聽說過有男人因為妹子喜歡吃螃蟹，大老遠從臺北開車到漁港買新鮮螃蟹，第一時間配送到她家裡，實在該給他個「金牌工具人」的第一名稱號。

或許這些人眼中，愛情是如此神聖，正如大眾媒體拚命告訴我們的，美好事物值得我們用生命去追求，但只要照這脈絡去想，最後得利的會是誰，你自然能判斷這整件事值不值得，為了虛無縹緲的「愛情」兩字奉獻一切有多麼愚蠢。

二、危機處理想好沒

上一節講到「智者之慮，必雜於利害」，這裡也一樣適用，多數男人只想得到把到妹之後能從此過著兩人世界所帶來的「利」（而且這個兩人世界還是自己想像出來的，結了婚的都知道，組成家庭之後完全不是這麼一回事），卻忽略了在把妹過程中徒耗生命所帶來的種種危害，更不用說要怎麼做危機處理，**被愛情洗腦，甚至沖昏頭的男人，心中不存在資源控管與停損的智慧**。付出沒用，那就雙倍付出；雙倍付出再不成，那就三倍、四倍無限加碼，直到認知失調出現，必須透過親手毀掉目標來平復付出無效的心情——恐怖情人就是這麼來的。

雖然「性格決定命運」是真理，但不論你的性格有多易怒、衝動，或是貪生怕死，都可以透過智慧去凌駕所有性格缺陷，一旦發現努力無效或是毫無進展，而手上擁有的資源也因為這件鳥事快速消耗，你該做的事只有一項：停損。

兩害相權取其輕

然而，「停損」本身也需要智慧去判斷，指導原則就是小標題這句「兩害相權取其輕」，雖然是人人都能朗朗上口的老生常談，但不是每個人都能輕易做到，人類天性始終是趨吉避凶，**在好事與壞事之間做選擇非常容易，但若要在一堆爛蘋果中選一顆比較不爛的，絕對有違人腦直覺，下此決定並不容易。**

所以一般人往往不會把目光聚焦在壞處或危機處理上，會盲目相信好事終會發生，最後賠掉身家。

這回我用「被分手該不該挽回」的萬年兩性大哉問當例子，跟大家解析這個道理。沒經過思想訓練，又或者感情經驗不多的宅男，他們腦中的利害模型是以下這樣：

利：挽回後，能重拾過去的甜蜜時光，再度回到美好的兩人世界中。

害：從此孤家寡人，終老一生（幹，真的沒那麼嚴重好嗎）。

但感情經驗豐富、知道分手挽回難如登天，以及買了這本書思維理當升級的你，思維模型應該如下：

大害：沉溺在被分手的痛苦中，繼續關注妹子的一切，被負面情緒掌控，一蹶不振。

小害：長痛不如短痛，斬斷跟妹子的一切連結，包括臉書、IG、LINE，從此不再聯絡，放手追尋新的感情生活。

不論從哲學角度或實際狀況來說，後者的思維方式會比較踏實，有道是「人生不如意事十之八九」，真實人生的確就有這麼多鳥事，學會在眾多鳥事中做出比較不鳥的選擇，才是對自己有用、值得練習一輩子的課題。

有幸買了這本書，或是感情經驗豐富的人，自然知道用這樣的思維模型來處理「被分手該不該挽回」的問題。那麼，要是感情經驗不多的，就只能憑運氣看自己是否開竅，或是期待有高人指點幫自己度過難關嗎？

更進一步說，如果今天遇上了一件自己從沒經歷過的鳥事，要怎麼跳出情緒掌控、性格弱點，把「兩害相權取其輕」納入思考清單裡？

答案是先前在〈軍形篇〉提過的「後設認知」，意思是「對認知的認知」，也就是說，**你要能意識到自己的認知過程，進而判斷現在採用的思維模型是不是有問題，像個品管工程師一樣，冷酷無情地檢視自己的思考流程，從中抓出**bug。

一旦有了後設認知的能力，情緒、性格的種種危害將會大幅降低。你看很多歷史上的蠢事，通常都是因為主事者不具備後設認知的能力，像關羽如果能夠意識到自己的傲氣並加以收斂，孫劉聯盟也不會因此瓦解，三國歷史恐怕就要改寫嘍。

第九章

〈行軍篇〉

觀察敵情的方法

Chapter 9

把妹真的不需要從朋友做起

不把妹那要幹麼

判斷妹子的真實意圖

與其操控不如讓她對你服氣

9-1

把妹真的不需要從朋友做起

孫子曰：凡處軍、相敵，絕山依谷，視生處高，戰隆無登，此處山之軍也。絕水必遠水；客絕水而來，勿迎之於水內，令半濟而擊之，利；欲戰者，無附於水而迎客；視生處高，無迎水流，此處水上之軍也。絕斥澤，惟亟去無留；若交軍於斥澤之中，必依水草，而背眾樹，此處斥澤之軍也。平陸處易，而右背高，前死後生，此處平陸之軍也。凡此四軍之利，黃帝之所以勝四帝也。

〈行軍篇〉比較偏向技術手冊，專講戰場上的研判與不同狀況的應對方式，然而，這畢竟是將近三千年前的東西，拿幾千年前的技術手冊對應現代社會，簡直比拿明朝的劍斬清朝的官還扯，死記硬套的話，你會發現很多地方早就過時，無法在生活中起到一丁點指導作用。

比如這段原文所提到的處軍相敵，指的是帶領部隊在不同地形中的應對方式與研判敵情的種種技巧，但這些都是冷兵器時代的東西，科技早已達到前人無法想像的境界，有了各種飛彈大砲，再加上衛星的幫忙，冷兵器時代地形能發揮的掩蔽和加成早就沒用了，我敢說，就算是打敗蚩尤的黃帝手持軒轅劍再世統領千軍萬馬，只要一支配備現代化武器的連隊，也能讓他吃盡苦頭。

所以嘍，在讀〈行軍篇〉時，我們不用太過較真，不同地形的處理方法，就留給那些考據學者慢慢研究吧，大家可以把重點放在技術手冊背後的哲學，用輕鬆的心情聽我唬爛。

但在聽我唬爛之前，大家對〈行軍篇〉要有正確的唸法，這個「行」字不唸「ㄒㄧㄥˊ」，而是唸「ㄏㄤˊ」，指的是隊伍行列、擺陣紮營的意思，懂了正確的唸法，下回換你拿來糾正不懂的人，也可以在內行人面前留下深刻印象，《孫子兵法》又再次幫我們發揮它的裝屄功能！

言歸正傳，這段原文我只講一句，正是被後人頻頻引用的經典名言：「半濟而擊之」。

別等人家準備好才打

多數人聽到的版本應該是「半渡而擊之」，不過意思一樣，指的都是等敵軍渡河渡到一半，大軍還沒上岸整備完畢、陣形依舊大亂時，給予迎頭痛擊，渡河只是個情境比喻，你要有能力判斷出對方正在準備，在他還沒準備好之前出手攻擊，別等他變身完畢再打。

我小時候看《無敵鐵金剛》或《魔神英雄傳》這類機器人卡通時，心中常有個疑惑：為什麼每次壞人都要等主角花個三分鐘把機器人叫出來讓自己陷入苦戰？又或者壞人被打趴，要進行二階段變身時，主角會站在一旁老實等他變身完畢再行出手？不論好人或壞人，只要一讓對方成氣候，戰鬥難度將大幅提升，無一例外。

歷史上最典型的愚蠢案例，莫過於被後人頻頻拿來調侃的宋襄公，跟比自己強大的楚國對敵時，為了講求「仁義」，竟然不顧手下幕僚「半濟而擊之」的勸誡，放任楚軍渡河列陣，才蠢到跟對方正面對決（傻傻的，永遠別跟比你強大的人正面對決），最後被一舉打趴，雖然在某個版本中宋襄公名列春秋五霸之一，但看他的智商只有這點程度，我實在很難接受他曾經是春秋五霸的事實。

「半濟而擊之」的把妹應用

你沒看錯，「半濟而擊之」也可以用在把妹裡。就把妹而言，層次最低的，大概是前面提過拚命請客、送禮、接送的阿宅；稍微高個檔次的，是那些標榜要跟妹子做朋友，認真跟妹子相處，自以為體貼的暖男們；**最高級，同時也是最有效率的做法，是完全不跟妹子做朋友，直接從「慾望」進攻**（我上課教過幾招隱晦卻不突兀的方式，可以拿來撩撥妹子，表達你對她的好感）。做朋友？完全不需要好嗎！

就技術來說，很多男人常糾結在約會次數和相處時間上的無聊問題，許多正妹網紅、女作家（反正只要是母的都算）都會在自己的臉書或粉專拚命告誡廣大的苦情男性，要交到女朋友，你要先聽她說話、對她好，跟她相處愈久，成功機率就愈大，於是一堆笨蛋把女人給的建議當成真理，真的照表操課花時間跟女人長期相處，結果就是被當成姐妹，最後只能跟左右手共度餘生。

再說一次，要學把妹，絕對不能聽女人的建議，她們給的建議只對她們有利，**但把妹本質上是種零和賽局（兩邊加起來永遠是零），一方的成就必須從另一方的虧損達成，要麼你虧她贏，要麼你贏她虧**，照她希望的方式去把她，虧的只會是你。

實際上，真正的高手都是先睡了才變成男女朋友，相處是之後的事，邏輯跟一般男人的工程師思維整個顛倒。是的，你必須在妹子還不了解你之前，想盡辦法讓她對你有慾望，而不是想透過當朋友，或是暖到骨子裡的說話方式讓她喜歡你，感動跟心動是天差地遠的兩回事，甚至我可以告訴你：**在把妹階段，掌管性慾的，是心跳加速、緊張、些微的不安，而不是熟悉和安全感，事實上，讓她愈了解你，你離她的床也就愈遠**。

把上面那段粗體字記下來，這是八〇％宅男一輩子無法參透的事實，能懂這段話，在思維上已足夠屌打眾生了。

看到這裡，大家應該不難明白這跟「半濟而擊之」有什麼關係了吧。沒錯，妹子對你的了解程度，像是敵軍渡河的過程，隨著對你的了解日深，她渡河的進展也就愈多，一旦完全渡河，你想成功把到妹的難度也會大幅提升。再拿渡河的模型回去解釋把妹境界，你會更加明白：

高手：半濟而擊之，妹子還搞不清楚狀況，就被手到擒來（要強調，絕不是用灌醉下藥之類的非法手段）。

暖男：為求各種政治正確，讓敵軍渡河完畢，想盡辦法去「感動」妹子，宋襄公之流。

宅男：妹子不僅渡河完畢，還針對即將面對的狀況做了無數次沙盤推演，而這群笨蛋，還真的按照萬年不變的千古老套路率軍殺來，妹子早就嫻熟於胸，輕鬆應對，宅男們被吃乾抹淨卻連小手都沒牽到，也是剛好而已。

是你，你要當哪一種呢？

9-2

不把妹那要幹麼

凡軍好高而惡下，貴陽而賤陰，養生而處實，軍無百疾，是謂必勝。丘陵堤防，必處其陽，而右背之。此兵之利，地之助也。上雨，水沫至，欲涉者，待其定也。凡地有絕澗、天井、天牢、天羅、天陷、天隙，必亟去之，勿近也。吾遠之，敵近之；吾迎之，敵背之。軍旁有險阻、潢井、葭葦、林木、蘙薈者，必謹慎復索之，此伏奸之所處也。

接著講「處軍」，既然〈行軍篇〉屬於技術手冊的範疇，孫子當然會提到駐軍紮營的幾項原則。大軍開拔，不可能整天打打殺殺，總是有進有退，有攻有守，包含大部隊的吃喝拉撒和駐地選擇，也是一名好將領該考量的事。

「處軍」指的是當部隊休息的時候，該如何安置，你看原文連「養生而處實」都搬出來了，說的正是鬆緊有度的生活哲學。

這裡來說個一般人不太會想到的問題：**如何與孤獨相處？**

耐不住寂寞的現代人

自從社群網站問世以來，窄化視野不說，同時加深對社交需求的渴望，三不五時的美食照、打卡、朋友合照，表面看似光鮮亮麗的社交生活，背後潛臺詞卻是可悲的那句：**我很需要陪伴，拜託快來關注我！**將炫富行為合在一起觀察，你會發現這群人的眼神中，笑意之餘還帶有不甘寂寞的空洞，接著，整個生活就沉溺在無意義的「排遣寂寞」之中。

前幾天跟一位專講職場議題的媒體創辦人聊天，才得知一個驚人資訊：原來超過九〇%的上班族，壓根兒毫無任何退休規畫，大多過著今朝有酒今朝醉的月光族生活，每月存多少錢投資，或是花多少心力提升自己，讓腦袋增幅，對他們而言是遙不可及的事，然而，從臉書、IG上愈來愈氾濫的各種宣示「我很好」的行為來看，現代人無法好好跟孤獨相處，已經是不爭的事實。

當然，你可以反駁說什麼大環境不好、很難存到錢、老闆苛刻讓工時太長，所以下班後必須想辦法讓自己放鬆，喝酒、朋友聚會、在沙發當馬鈴薯追劇，反而成了唯一的娛樂和選擇。要合理化所遭遇到的逆境，永遠都找得到理由，剩下能用來自我提升的空檔，統統都拿去擺爛了。

其實，我會觀察一個人在社群軟體上展現社交生活的頻率，藉此判斷他是不是有長進。如果下班就是跑趴、喝酒、唱歌、聚會，你幾乎可以判斷這人屬於上述九〇%沒有長遠規畫的那群，要是不幸你的事業合作夥伴也是這種不甘寂寞的可憐人，恐怕你只能感嘆自己看走眼，挑錯合作對象，趕緊思考退股閃人停損的相關事宜吧。

這麼說吧，**一個人多耐得住寂寞，他的成長潛力就有多大**。孤獨是用來自我提升的最佳時刻，你當然可以想一堆打發時間的方法，反正日子一樣要過，太陽明天一樣從東方升起，但想賺錢賺得更輕鬆，又或者日後的人際關係想更加順遂，千萬別輕忽孤獨的威力。

是的，〈行軍篇〉講的處軍，正是生活中與孤獨相處的哲學。

不把妹，那要幹啥？

國外已經有很多研究證實，孤身一人的時候，往往是一個人創造力最強大的時候，古今中外許多科學家、藝術家、小說家，成就最輝煌的巔峰也是在他們孤家寡人的時候；只要脫離單身、娶了老婆，開始煩惱柴米油鹽醬醋茶等生活鳥事，靈感會因此遲滯，事業也會就此停擺。

所以，就算你是會行走的陽具人，每天都可以安排妹子跟自己睡覺，我還是強烈建議在生活裡留點時間給自己，用來累積更強大的能量，好處理未來更棘手的狀況。鋼鐵人也不可能天天在外面打仗，總得躲在家裡升級一下武器裝備吧？

一、泡健身房

在我的觀念中，鍛鍊身體和讀書、衝事業、把妹（好吧可能只有我有這選項）是同樣重要的事，你必須有鐵打的身體，才能撐起生活的一切，錢很多沒錯，但前提是你要有命花才行。原文也提到「軍無百疾，是謂必勝」，**活得比你的對手更健康，也是另類贏過他的方法**，你怎麼知道哪天他會得癌症掛掉，莫名其妙就活得比他久了。

我沒唬爛你，在文明病滿天飛的現代社會，這種事真的超容易發生，你不注意身體健康，這種鳥事也會掉在你頭上。

二、讀書

不論你的人生目標是什麼，讀書都是個不吃虧的投資，就連把妹也是。但就算你想學把妹，現在的我已經不會建議你直接拿把妹書來看，**你應該涉獵生物學、演化心理學、行為心理學、人類學，這些才是主導妹子行為的真實原動力**，一般專講把妹或聊天的書，容易流於表面而稍嫌膚淺，只有知道妹子大腦的運作方式，你才能將主導權握在手上。

女人心之所以像海底針一樣難以捉摸，乃是因為一般人沒有正確的知識看穿她們行為表相所傳遞的真實訊息，唯有知識加上實戰去驗證所學，才能轉化成你真正的實力。

三、和真正的男人聊天

你得先知道一個殘酷的事實：現今的社會文化、媒體、網路、電影、偶像劇等，所有你接觸得到的資訊來源，幾乎是嚴重偏向女性，看久了，你會掉進女生的框架，還記得我在〈虛實篇〉講過有關框架的重要性嗎？

除了掌握正確知識（比如你手上這本書，哈哈），時時刻刻提點自己別輕易掉進妹子框架外，另一個靠譜的方法是，**和其他已經覺醒的男性聚會，到熱炒攤喝啤酒講幹話，炫耀一下自己把妹上的豐功偉業**，你會發現經此聚會，雄性激素會隨著熱血澎湃而滿到爆表，原本苦惱已久的兩性問題，會因為高人指點和幹話激勵後，就此迎刃而解。

「處軍」的重點在於平衡

處軍於軍事上用來調整狀態，讓大部隊得以在衝鋒陷陣後獲得完整的休息機會；運用在生活中，能幫我們緩衝各種面向的衝突，甚至互相搭配、相得益彰。

簡而言之，閒暇之餘你要能避開消耗自身心力和能量的鳥事，把心力用在自我提升，或真正的休養生息上，讓自己有更多能量去迎接來自不同領域的挑戰。

9-3

判斷妹子的真實意圖

敵近而靜者，恃其險也；遠而挑戰者，欲人之進也；其所居易者，利也。眾樹動者，來也；眾草多障者，疑也；鳥起者，伏也；獸駭者，覆也；塵高而銳者，車來也；卑而廣者，徒來也；散而條達者，樵采也；少而往來者，營軍也。辭卑而備者，進也；辭強而進驅者，退也；輕車先出其側者，陣也；無約而請和者，謀也；奔走而陳兵者，期也；半進半退者，誘也。杖而立者，飢也；汲而先飲者，渴也；見利而不進者，勞也；鳥集者，虛也；夜呼者，恐也；軍擾者，將不重也；旌旗動者，亂也；吏怒者，倦也；粟馬肉食，軍無懸缶而不返其舍者，窮寇也；諄諄翕翕，徐與人言者，失眾也；數賞者，窘也；數罰者，困也；先暴而後畏其眾者，不精之至也；來委謝者，欲休息也。兵怒而相迎，久而不合，又不相去，必謹察之。

戰場上判斷敵軍狀態的方法簡稱「相敵」，在許多講解《孫子兵法》的書中，又把這段原文稱作「相敵三十二法」，反正洋洋灑灑三十二條，你可以一一對照，看看古人如何在戰場上判斷敵情。不過我認為如果是技術手冊，用簡單兩句話代表一個狀況，容易流於武斷，要是帶兵的將領不知變通，照抄套用在真實戰場上，真的出包了，你能說是《孫子兵法》的錯嗎？

在〈行軍篇〉一開始我提過，《孫子兵法》在技術部分的參考價值並不高（你不可能靠《孫子兵法》跳砲操，或是指望讀了之後能幫你拆解五〇機槍），作者孫武是神在他的哲學與戰略思想，戰術部分只要掌握「奇正三部曲」，再加上「迂直」與「利害」，足以讓我們受用一輩子。

但這不代表孫武本人帶兵沒技術，不懂戰場上的真實狀況，而是他受限於時代，邏輯學與方法論的訓練不足，無法將滿腦子的知識條理化、系統化表達在書中，所以讀來常常過於簡陋；再加上當時知識傳播的成本非常高（那時是用竹簡慢慢刻啊大哥），能少寫幾個字就少寫幾個字，用一兩句話概括一切自身經驗，其他細節，只好靠讀者自己去「悟」。

好，廢話說完了，還是得回到原文，跟大家說說「相敵」這件事。撇開一些瑣碎不合時宜的教條，「相敵三十二法」還是有很高的參考價值，能應用在人際關係和把妹上，「相敵」的本質只有一個，就是不被各種表相所迷惑，基於人性利害去揣測對方真實意圖。

行為永遠比言語更能反映人的真實意圖

小標題這段話，值得你刻在手上一輩子提醒自己。或許我們前面稍微提到這概念，但我想透過幾個情境，跟大家說說拿行為來判斷的準確度有多高，以及所有男人都想知道的，到底女人有多口是心非。

是的，這就是「相敵」的把妹版本，更是許多男人被女人搞得暈頭轉向的常見狀況：

一、她推說自己有男友

八〇％，不，應該說九〇％的華人男性看到女生說自己有男友，都會打退堂鼓，畢竟不奪人所好的「君子美德」早就深植在我們腦海中，但我之前的許多篇專欄文章就提過，有男友的妹子，只要不是處於熱戀期，往往是最好把的，**用功利角度來看，你反而更該把目標放在有男友的妹子身上**。

所以，你該思考的問題應該變成：**她為什麼要說自己有男友？**

最常見的狀況是，一堆白痴宅男過於明顯的示好，照三餐噓寒問暖、請喝咖啡和吃下午茶、接送，一樣不少，搞得女生不堪其擾，只好搬出男友來當擋箭牌揮個兩下，希望把討人厭的蒼蠅趕走。至於是不是真的有男友，那又是另一回事。

另一個情況是，妹子對你也有興趣，甚至不介意跟你來一發，可又不想背負太多責任，畢竟這社會對於女人的道德要求，總是比男人要高上許多（女人跟很多男人上床會被稱作蕩婦，而男人跟很多女人上床卻會獲得種馬的美譽），所以，**妹子常常內建「反蕩婦機制」來處理內心衝突**，這時候她必須先讓你知道她的狀況，至於後續發生的事，都是天意、緣分、上帝的安排、命運的捉弄，反正都不干她的事了。

判斷方法只有一個：試著把她約出來，約得出來，一切好說；但若約老半天約不出來，你最好鼻子摸摸找下一個目標（至於約出來後該怎麼進一步出擊，我的課堂上教了一個方法，專門用來對付有男友的妹子，幾乎是進可攻，退可守，非常好使）。

二、她推說沒空赴約

說到約妹，記得，**妹子不跟你出去，原因只有一個，就是對你沒興趣**，跟邀約內容沒有太大關係；對你有興趣的妹子，你隨便約她到小7喝咖啡，或是蹲在馬路旁吃蚵仔麵線，她也一定找時間赴約。所以我非常不建議一開始約那種大攤的演唱會、高級餐廳，就算她願意出來，你怎麼知道她是因為邀約內容想削你一頓，還是因為你吸引到她？請別讓甜點遮掩主菜的風采，**隨便約個地方喝咖啡，反而更能測出她的真實想法**。

那麼，要是她真的不行呢？這時，你得觀察她是不是有「**反邀約**」（counter offer），這招非常準。比如你們可能有以下對話：

你：週五一起喝杯咖啡如何？

妹：週五剛好要加班耶，下週一你可以嗎？

這時，「下週一」就是妹子丟出來的反邀約，代表她有心跟你約會，但受限於工作狀況，只好改期，我還遇過把整個月班表丟出來讓我選的反邀約……所以，要是妹子沒有丟出反邀約，只隨便說個「沒空」或「要出去」，簡單兩句話打發掉你的邀約，醒醒吧，就別再浪費時間了。

再順道一說：如果你們彼此不太熟，不建議過於臨時的邀約，比如「我今天剛好路過妳公司，要不要出來喝杯咖啡？」這會讓女生沒辦法提出「反邀約」，就算她真的對你有興趣，也無法藉此表達，你會因此失去判斷基準。

記得，被妹子拒絕沒什麼大不了的，獲得她是否對自己有興趣的情報，才是最重要的事。

如果有女生「誤買」這本書，也可以拿這幾項原則來操作，用來拒絕自己沒興趣的男生。

三、她自己敲你訊息

毋庸置疑，這是等級最高的興趣指標，與她自己對你肢體碰觸是同一類的事（程度不同就是），但我卻很少聽到有哪個男生遇到這種事，只有在我自己課堂上耳提面命要敢放生女生，才聽到學員給我回饋：「誒奧客，**原來放著妹子不管，她真的會自己敲我耶！**」

事實是，多數男生根本沒那耐心去誘發妹子的興趣，大多沉不住氣，只要喜歡哪個妹，常常是照三餐，最多不超過三天就開始敲對方，就算妹子對你有興趣，你也沒給她機會展示，而且頻繁主動地敲對方，反而有巨大的掉價風險。

你必須給她機會，讓她用行為展示對你的興趣。有時候，要準確無誤地「相敵」，你必須主動創造出適合的情境才行。

就算她主動敲你一句「在幹麼」，意義也遠高過你們LINE半天，互相撩來撩去，有時她只是逢場作戲陪你演一下，但主動敲你絕對有好戲可看，行為永遠比她講的話更能反映她的意圖。

最後我要提醒大家，這些只是一般妹子的狀況，要是你不幸遇到綠茶婊，她們可是很擅長反其道而行，完全符合這裡講的做法，你錢也花了，小手始終沾不到邊，卻依舊把你的心揪著不放，這種特例自己要特別注意。

9-4

與其操控不如讓她對你服氣

兵非貴益多也，惟無武進，足以並力、料敵、取人而已。夫惟無慮而易敵者，必擒於人。卒未親附而罰之，則不服，不服則難用也。卒已親附而罰不行，則不可用也。故令之以文，齊之以武，是謂必取。令素行以教其民，則民服；令素不行以教其民，則民不服。令素行者，與眾相得也。

你把六千多字的《孫子兵法》當成一篇文章來看，會發現很多看似跟篇名無關的神來之筆，像明明〈行軍篇〉把各種瑣碎的應對方法講得很好，卻突然話鋒一轉，又扯回領導統御來，甚至你會在後面的〈地形篇〉與〈九地篇〉看到更多類似主題，我估計應該是孫子本人寫到最後，才猛然發現忘記把帶兵理念放進書裡，只好硬生生將這些概念安插到後面幾篇之中。

其實，他只要再開個篇章，專講領導統御不就好了。另一位名將吳起的著作《吳起兵法》，第三篇就叫作〈治兵〉，不光如此，他還有〈論將〉和〈勵士〉等篇章，可以說吳起比孫子更加重視領導統御，整本書有一半都在講這些。

孫子忘記另開章節專講領導統御，不代表領導統御不重要，反而你該換個角度，從孫子硬是讓領導統御的主題插隊來看，更能反映他對帶兵的重視。

而這段原文只講一件事：帶兵要先讓士兵服氣。

讓人尊重是一切的基礎

我參加過一些商業課程，有的講商業經營、業務技巧，有的講陰險手段，總之，這類課程常圍繞在「如何讓人聽自己的話」，說穿了，是以「操控」為前提，讓人按照自己的意志去做事。

這種操控大致可分成兩種：一種是話術，比如講什麼話可以保證成交，或是讓客戶高潮，被你撩得滿心只想跟你下訂單；另一種則是透過資訊的掌控，比如話講一半讓人誤判，或是明明手上只有梅花三卻膨風讓人以為自己有黑桃A（有個專有名詞叫「擴大解釋」），**愈底層的魯蛇，愈喜歡這類標榜腹黑的相關技術，也真的願意相信這些東西能幫他們魯到徹底的人生逆轉**。

腹黑技術不是沒用，但應該是用來防身，當作判別黑心廠商的方法，遇到類似技術，自己能第一時間心生警惕，不致被當盤子大削特削。

但若你想讓事業蓬勃發展，靠這些小伎倆是絕對沒有用的，魯迅有句名言我非常喜歡，他說：「搗鬼有術，也有效，然而有限，所以以此成大事者古來無有。」拿腹黑來搞鬥爭或許可以，但要名滿天下，成為真正雄霸一方的狠角色，你必須讓人敬重你才行。

原文講的就是這件事，你要讓人服氣，要做到以下三件事：

- 讓人對你有好感。
- 讓人知道你的底線與原則。
- 如果他們踩了你的底線，要讓他們知道後果。

最高境界的領導統御，叫恩威並施，讓人對你又敬又畏，不光是組織管理，連待人處世，包括大家最想知道的把妹方法，也一併適用上述這三條。

那麼，妹子對你的「尊重」又是怎麼回事呢？

妹子看不起你，怎麼撩她都沒用

在把妹學中承先啟後的《把妹達人之謎男方法》（*The Mystery Method: How to Get Beautiful Women into Bed*），裡頭有一招被後世稱為經典的「否定」（neg），不同於阿宅們拚命吹捧女生外貌，敢一反常態，勇於質疑妹子的髮型是不是真的、鼻子是不是整的，用「合適」的尺度去否定妹子，而不是像條狗一樣只會拚命稱讚，包含後續被其他把妹流派當作神技的「取笑」，充其量不過是「否定」的延伸。

但大家有沒有注意到，我在上述的「合適」加了個引號？問題也在這裡，什麼叫合適？不光是每個妹子的個性、忍受度不同，就連讀這本書的大家，你們的人格特質也不盡相同，像我課堂上就展示過一招：用開黃腔轉移妹子的負面情緒，可一般人用只會招來巴掌和唾罵，把問題聚焦在招式本身，而忽略使用者的個人特質，把「合適」兩字當大旗，貿然使用只會後患無窮。

直接否定或取笑妹子，正是犯了原文「卒未親附而罰之，則不服」的錯誤，人家還不喜歡你就直接處罰，她只會白眼翻到後腦勺，覺得你他媽到底哪裡有事。**這種些微踩踏對方底線的事，一定要確定妹子喜歡你才能幹**，事實上，人家《把妹達人之謎男方法》裡明明就說，「否定」是吸引對方之後才能做的事，偏偏一堆書只讀一半，或是選擇性眼盲的腦包，把這條極其重要的大前提忽略掉了。

至於怎麼贏得妹子的尊重，我提供以下三條方法，如果可以的話，強烈建議按照順序來（重要性也按照此排序），才可收一加一大於二的增幅之效：

一、領導男人

女人天生被強者吸引，這是造物主寫在她們骨子裡的程式密碼，任時代再怎麼變遷、各種意識型態如何高漲（對，我就是在說某些偏激又仇男的女性主義患者），看到權傾天下的強者站在面前，要她們抵抗內在驅力而不被吸引，是非常困難的。

有人曾說，人類不過是群穿著西裝的猴子，就兩性互動框架來看，講難聽點，還真的跟猴子挺像的，你看哪隻猴王身邊不是圍繞著最多的母猴子？成為男人中的王者，是你吸引妹子最重要的一步。

二、以自身事業為優先

好吧，我知道「王者」是個有限職缺，要是人人當王，那可沒人在基層處理雜事，社會、企業、組織也將無法運行，大多數人還是得接受自己無法上位當王的事實，認分做好手上工作。這時候，請你一樣以事業為優先，**在女人極少數心口合一的實話裡，「認真的男人最帥氣」大概是最具代表性的一句**，生活重心就該是你的事業、領土，以及跟隨著你的千軍萬馬，一肩扛起責任，眼神閃耀光輝，足以讓你迷倒眾生，就算是借錢為了付員工薪水趕三點半也一樣！

三、敢對她說不

這大概是最罕為人知的一項，雖然女人口中總說希望有個對自己萬分寵幸的另一半，可你若真的成了對她百依百順的馬子狗，你對她的吸引力會直接打對折，從「迷人的雄性領袖」降格成「我家那隻聽話的男友」，後者常見於她們的姐妹聚會中。對多數工程師思維的理性男腦來說，這是件非常匪夷所思的事，怎麼她們嘴巴講的跟她們真正想要的竟然是如此天差地遠的兩回事，難道女人真的不知道自己要什麼嗎？

真相是，**女人希望被領導，她們真心希望自己的另一半是個強而有力能夠主導一切的男人，**包括她們自己，就算口口聲聲說要男人順著她，你也要為了長期關係，勇於跳出來主導一切。

贏得女人的尊重，一切話術和技巧都只是細枝末節的錦上添花，事實是，只要她服你，你要她幹麼她都願意，真的，要幹麼都行。

第十章

〈地形篇〉

Chapter 10

學會等待，變成真正的英雄

6種把妹情境大解析

該避免的6大敗象

搞定付你錢的人

如何領導男人

10-1

6種把妹情境大解析

孫子曰：地形有通者、有挂者、有支者、有隘者、有險者、有遠者。我可以往，彼可以來，曰通。通形者，先居高陽，利糧道，以戰則利。可以往，難以返，曰挂。挂形者，敵無備，出而勝之，敵若有備，出而不勝，則難以返，不利。我出而不利，彼出而不利，曰支。支形者，敵雖利我，我無出也，引而去之，令敵半出而擊之，利。隘形者，我先居之，必盈之以待敵。若敵先居之，盈而勿從，不盈而從之。險形者，我先居之，必居高陽以待敵；若敵先居之，引而去之，勿從也。遠形者，勢均，難以挑戰，戰而不利。凡此六者，地之道也，將之至任，不可不察也。

〈地形篇〉前面這段，看似是專講地形的技術手冊，但你細看之下，會發現孫子講的都是地形的本質，比較偏向形而上的解說。我說過，孫子那年代沒有系統分類、方法論這種高級的知識工具，可我反倒認為，能從本質去探討地形這件事，會讓這段原文不被軍事格局所侷限，可以用兩性互動的情境來解釋。

我的粉專常收到讀者朋友私訊問兩性問題，很多時候他們講老半天，附個十幾頁的對話截圖，希望我幫忙分析對方的想法、接下來該怎麼做才好，洋洋灑灑講一大堆（而且很多都是廢話），卻常常忘了告訴我最重要的一項資訊：**到底你們是怎麼認識的？**

簡單講，就是男女雙方彼此認識的情境，我可以告訴你，**情境本身占有八〇％以上的重要性，選對情境，後面要網聊、邀約，會變得非常省事。**而〈地形篇〉這段原文，恰恰就在講情境這件事。

一、通形：交友軟體

通形的定義是「我可以往，彼可以來」，也就是雙方平等，基準線一樣，沒有人作弊偷跑，用經濟學去解釋的話，這叫「完全競爭市場」（perfectly competitive market）。在男女互動的情境裡，最接近完全競爭市場的，莫過於交友軟體，不管你在社會上的地位多顯赫，在交友軟體上，別人才不管你這麼多，一樣回歸到最基本的照片和自介，管你是人生勝利組還是小魯一隻，大家起跑點相同。

也就是說，就算你是人生勝利組，只要照片沒拍好，一樣約不到妹；而就算是魯蛇，只要願意在照片上花點工夫，也有機會逆轉，吸引一狗票女生前仆後繼，不然你以為這麼多網路男蟲是哪來的？

但我要提醒大家，**說到在照片下工夫，男人的本事可是遠遠不及女人**，你若選擇在交友軟體上闖盪，可千萬要小心「照騙」的威脅。

二、挂形：有男友的女生

「挂形者，敵無備，出而勝之，敵若有備，出而不勝，則難以返，不利」，簡直是形容小王處境的最佳描述，人家提防你，你做什麼都不對，不幸出包了，輿論還會一面倒地對你大加撻伐，要當小王真的要腦子和膽子兼俱，智勇雙全才行。

比較值得一提的是「敵無備」這件事，這裡的「敵」，可以再分成女生男友與女生本人兩種，新手小王甚至只把女生男友視作敵人，想盡辦法除之而後快。

但是，**對老手小王來說，真正的敵人只有一個，那就是女生本人而已**。

我直接告訴你吧！只要女生喜歡你，不管她是不是有男友，都會排除萬難想辦法跟你約會，所以你該做的事情只有一個：趁女生起防備心之前，直搗黃龍，讓她喜歡你！

把這概念延伸下去，就算有其他情敵跟你一起競爭某個炙手可熱的妹子，也不要因此讓目標失焦，把重點放在妹子身上，別浪費時間去想對付情敵的事，**只要妹子喜歡你，她會反過來幫你**

對付其他情敵。

三、支形：以結婚為前提交往

「以結婚為前提交往」絕對是最爛的互動模式，沒有之一。男女雙方底牌盡出，把籌碼全部攤在桌上讓人看光光，所以孫子才用「我出而不利，彼出而不利」來形容，完全沒有製造曖昧的空間，你很難透過各種小伎倆（比如搞失蹤增加神祕感），去提升自己在關係裡的主動權。

再者，你要知道，**會拿「以結婚為前提交往」當口號的妹子，多半都有點年紀**，她們知道自己年老色衰，不再像以前一樣有著眾星拱月的虛榮感，多數女生會在三十五歲左右陷入這種困境，必須快點找人嫁掉才行。

但男人可就不一樣了，男人在三十五歲左右會邁入性吸引力高峰期，你的事業、談吐、心智成熟度、外貌等加一加，會是你此生性吸引力的頂點，既然都擁有如此強大的吸引力，為什麼要執著在三十五歲的妹子身上？你一定知道我想說什麼。

四、隘形：辦公室戀情

辦公室戀情最重要的是你的職位、工作能力，外貌什麼的反倒是其次，只要能在工作場合上展現你的專業，不管是解決危機，或是挺身而出帶領團隊完成專案，等於擁有「我先居之」的優勢，在其他女同事眼中絕對大為加分，等她對你示好就對了。

但若沒機會展現工作長才，又或是妹子工作能力比你強，而處於「敵先居之」的困境，那也不用太擔心，只要妹子的年紀不大（我會以三十歲為分界點），就還有機會。所以原文「盈而勿從，不盈而從之」裡的「盈」字，指的正是年紀，**未滿三十歲的，仍存有些小女生的幻想，你還有機會透過工作以外的事讓她心動**；可只要超過三十歲，她挑選男人的標準將會以事業成就為主，要是你無法在工作上闖出一番成績，我勸你還是放棄比較實在。

五、險形：派對場合

險形和隘形最大的差別在於：隘形中你被對方先占地利，還可以看狀況翻轉；但險形就不行了，被對方先占地利，你整場都不用玩了，只能鼻子摸摸，期待下一局再說。跟朋友聚會、唱歌之類的社交場合就屬此類。

而派對中的「地利」，指的是有沒有朋友願意幫你抬身價。

理想狀況是，你本來就擁有一定的事業成就，朋友在介紹你的同時自然會幫你吹捧一番，讓你更有面子；但若是一般人，只要平常人緣夠好，這些僚機還是會願意幫你抬身價，你一樣有機會成為整場的焦點，出手把妹依舊無往不利。

所以，**在出席各種社交派對場合之前，你要先評估是不是會有人幫你抬身價**，如果沒有，去也是白搭，待在家打電動還比較實際，直接「引而去之，勿從也」。

六、遠形：離你很遠的網紅正妹

我遇過最好笑的把妹諮詢問題，正是這類：「奧客，我知道你有在開把妹課，那你能不能教我怎麼把到網紅呢？」我必須說，你想把網紅的話，首先自己也得是網紅才行，可你知道的，會問這種問題的，多半是生活渾渾噩噩卻妄想吃天鵝肉的宅男，他們不想提升自己，只想找到靈丹妙藥，希望藉此把到心目中的女神。

原文「難以挑戰，戰而不利」就說得很清楚，你們雙方生活圈相距十萬八千里，連要在對方眼中留下印象都不太可能了，更不用說成功把到手，先想辦法進到對方生活圈再說吧。

喔對了，在正妹網紅底下留言不等於進入對方生活圈，那叫作刷存在感，是粉絲在幹的事，**沒有一個妹子會喜歡粉絲，就像沒有妹子會喜歡奴才一樣**。

10-2

該避免的6大敗象

故兵有走者、有馳者、有陷者、有崩者、有亂者、有北者。凡此六者，非天之災，將之過也。夫勢均，以一擊十，曰走。卒強吏弱，曰馳。吏強卒弱，曰陷。大吏怒而不服，遇敵懟而自戰，將不知其能，曰崩。將弱不嚴，教道不明，吏卒無常，陳兵縱橫，曰亂。將不能料敵，以少合眾，以弱擊強，兵無選鋒，曰北。凡此六者，敗之道也，將之至任，不可不察也。

你看，明明地形講得好好的，又話鋒一轉講到領導統御，我們在前面〈行軍篇〉說過，帶兵的要訣是讓士兵發自內心服你，光靠權威去壓是絕對行不通的。正如男女關係，不論是男女朋友關係，或是已經有白紙黑字罩著的婚姻關係，就算你們把責任義務區分得清清楚楚，**只要妹子對你失去真實的慾望，她永遠有機會出軌**。

真實的感情不是用「談」出來的，分手就分手，拚了命去挽回，就算妹子看在你努力的分上，勉強同意跟你在一起，哪怕你之後對她再好、照顧得再無微不至，只要妹子對你失去慾望，你始終只是個供養她的長期飯票，只要她遇到另一個讓她心神蕩漾的男人，好一點的會再次跟你談分手，人品差的會跟你維持表面和諧，私底下卻跟小王偷來暗去，這頂綠帽就這麼不知不覺飛到你頭上了。

這回《孫子兵法》要告訴我們，敗軍之將的六個特徵：

一、以一擊十

顧名思義，這是全天下最蠢的事，雖然開宗明義的〈始計篇〉要我們先廟算一下，評估成功的可能性，但還是一堆人認為讀了《孫子兵法》可以幫自己逆轉所有戰爭，就連把妹，不先評估一下自身狀況跟妹子之間的差距，以為只要有顆真心，再加上花錢買來的無敵話術，能讓自己把到所有的妹子。

雖然我自己也開把妹課，但我絕對不會跟你說能把到所有妹這種擺明欺騙消費者的幹話，更何況大家也是花錢買了這本書，我有責任讓大家知道真相，事實是，**你要是跟妹子的生活圈、階級、經濟狀況等各種客觀條件相差太遠，正犯了以一擊十的低級錯誤，絕對不會成功。**

二、卒強吏弱

以把妹來說的話，不妨把士兵想成你擁有的技術，什麼驕傲風趣法、否定法、取笑法，這些都是供你使喚的士兵；而領導一切的將軍，則是你的心態。「卒強吏弱」的意思是，就算你上了一堆課，擁有全天下最強的技術，**只要心態還是魯蛇，你一樣被妹子的一舉一動牽著鼻子走**，給你最強的兵也沒用。

三、吏強卒弱

吏強卒弱就反過來了，將軍很強，但士兵太廢，登高一呼帶頭衝第一個，才發現根本沒人跟上，自己不小心衝過頭陷入敵陣，就這麼糊裡糊塗被俘虜，一樣不行。

這也是很多不願意學習兩性相處的人最常犯的錯誤，他們或許心態正確，認為花若盛開，蝴蝶自來，但卻壓根兒沒想到，有些地方只有蟑螂，完全看不到蝴蝶，身處錯誤的環境，管你花開得再大朵，**蝴蝶也不可能千里迢迢跑來找你**。

再者，認為心態就是一切的人，會刻意忽略兩性相處該有的眉角，認為那是邪門歪道，不值一學，但別忘了，男女天性大不同，同樣一件事，男女之間的解讀可能天差地遠，太過唯心，下場就是錯過正確知識，**甚至很多認為把妹不需要學習的人，會妖魔化把妹相關知識，認為只有魯

蛇才學這種東西。

對這些高呼「愛我就要愛我的一切」，認為只要有心態而不需要技術的人而言，或許仍然有機會等出一個願意喜歡自己的妹子（更多時候是妹子年紀大了需要找人嫁掉），只不過要等到什麼時候，那就沒人可以保證了。

四、大吏怒而不服

大吏指的是部隊裡的小幹部，原文意思是小幹部不服你這將軍，自己帶著部隊出去打仗，說真的，這絕對是每個領導者都極力避免的重大危機，《三國演義》裡的孔明打博望坡之戰，正是因為怕關羽、張飛不服他，還特別跟劉備要了尚方寶劍之類的信物穩固自己的指揮權，連孔明都害怕的危機，真的只能說不可不慎。

繼續來講把妹。就算你的心態和技術都在，可要是心理素質不強，一樣會在恐懼與驚慌失措的威逼之下，一個小心陷入魯蛇心態，千萬記得，心態這種東西，絕非跟騎腳踏車一樣，學會之後一輩子記得，它反倒像是你的招牌，剛掛出來時金光閃閃，但隨著時間過去、風吹雨打，一樣會變黑變髒，時不時需要清潔保養去淨化你的心態。

「心理素質」正是把妹系統中的大吏，負責給將軍提供諫言、強化信心，也幫忙管理底下士兵，幫你分憂解勞。讓你的大吏聽話，對你的把妹之路會有莫大助益。

五、缺乏章法

然而，就算你的將軍再強、士兵再猛，也不代表可以胡亂出擊、缺乏章法，雖然岳飛說過「陣而後戰，兵法之常，運用之妙，存乎一心」，連同前面的〈九變篇〉，都在強調隨機應變的重要，可這不代表你可以粗心大意、隨意亂搞，出招不考慮環境和後果，只會學食神用「一字記之曰心」來搪塞。

像前面舉過否定法的例子一樣，**否定法很強沒錯，但照章法來說，你必須先吸引到妹子，或在妹子眼中你是有價值的人才行**；可許多笨蛋哪管這麼多，以為只要擁有極端自我的正確心態，再加上強大的否定法，可以隨意在情場上大殺四方，結果卻是一堆阿宅到處得罪人，至死都不明白問題到底出在哪。

六、兵無選鋒

在古代戰爭中，先鋒扮演著極其重要的角色，而挑選合適人選的過程，叫作「選鋒」。在把妹中扮演先鋒角色的，是你的開場白。開場白的正確與否，將決定你們會不會繼續互動下去。最典型的失敗開場，大概是「小姐我能跟妳做朋友嗎？」這句，很多剛學搭訕的只會拿這句當武器，殊不知這句話隱含的框架，是屈居在妹子之下，把主導權讓出，由女生來決定要不要認識你。我說過，沒有哪個正常的女生會喜歡弱者，用這句話開場，等於暗示你是個弱者。

只要你有自信、氣場強大，簡單一句**「我覺得妳很漂亮，想認識妳」**，都比前面那句要好上千百倍。我就有朋友只會拿這句開場，效果一樣很好。

既然說到開場，最後再來補充一下關於否定法的使用要領。其實在《把妹達人之謎男方法》裡，否定法是非常適合用來開場的，但是，僅限於九分以上的正妹，八分還很勉強，七分以下則不適用。理由很簡單：**否定法的威力，取決於妹子本身的自信強度，分數愈高的妹，自信愈強，否定法愈好使**，你若沒注意到這點，隨便哪個妹都拿否定法開場，就算妹子真的喜歡你，也會因為你的隨意否定而黯然神傷，下一秒就鼻子摸摸偷偷離開了。

10-3

搞定付你錢的人

夫地形者，兵之助也。料敵制勝，計險厄遠近，上將之道也。知此而用戰者必勝；不知此而用戰者必敗。故戰道必勝，主曰無戰，必戰可也；戰道不勝，主曰必戰，無戰可也。故進不求名，退不避罪，惟人是保，而利合於主，國之寶也。

在解釋這段原文之前，大家要先知道《孫子兵法》的成書背景：孫子寫這本洋洋灑灑六千多字的傳世經典，並非想做到傳統儒家那套立功（建功立業）、立言（著書立論）、立德（樹立典範）所謂「三不朽」的最高境界；事實上，孫子帶兵打仗之前是躲在山裡務農的，《孫子兵法》是閒暇之餘寫出來的東西，更進一步說，孫子之所以寫下這部兵法，無非是想謀得一官半職……

是的，《孫子兵法》其實是孫子晉見吳王闔閭的「履歷表」，在〈史記孫子吳起列傳〉中，吳王闔閭對孫子說的第一句話是「子之十三篇，吾盡觀之矣」，足以證實孫子是靠這部兵法才拿到面試機會。雖然在那個年代，出書並不需要靠出版社把關（意思是只要你有本事生出一本書，就可以拿著它到處面試求工作），但畢竟在當時受教育是貴族才有的權利，識字的人又不多，能一口氣寫出六千多字的，已經可說是神人了；換到現代，你拿自己的部落格去找工作面試，看會不會有人鳥你。

當然嘍，光是這樣，《孫子兵法》是不會流傳萬世的，孫子在成為吳國大將後，對楚軍作戰皆以勝利作收，從此威震中原，但孫子選擇在名聲鼎盛時急流勇退，退居幕後不再打仗，留個全勝威名，也因為這樣，《孫子兵法》才聲名大噪，成為從軍打仗必讀經典。

我個人的看法是，孫子非常聰明，如果他在戰場上多待些時日，絕不可能繼續贏下去，對自己的名聲也會有所影響，但他以三萬吳軍大勝二十萬楚軍後立馬退休，就像王建民第一年在洋基隊拿下十九勝後馬上宣告退休，留下難以企及的紀錄，讓眾人追尋。

光這份深謀遠慮的生涯規畫，就值得我們學習！理解《孫子兵法》的成書背景，再拉回來看這段原文，你會讀出另一番富有政治謀略的味道。

君命有所不受 VS. 利合於主

〈九變篇〉的「君命有所不受」，被後世很多笨蛋拿來當作抗命的最佳藉口，他們總認為：啊《孫子兵法》都要我們根據戰場實際狀況自行判斷，老闆你待在辦公室吹冷氣不懂這麼多啦，還是閃遠一點交給專業的來，不要整天在後面下指導棋。於是他們抗命，帶著團隊獨斷獨行，或許真的能闖出一番成績，但最後的下場，還是被老闆找各種理由處理掉。

岳飛就是個例子。雖然講求忠孝節義的華人社會總把岳飛說成忠臣，把害死他的秦檜說成無惡不作的大奸臣，可真相是，一旦岳飛打跑金人，把當時被擄走的徽宗和欽宗救回來（現任皇帝宋高宗的老爸和哥哥），宋高宗就不能繼續當皇帝，岳飛無法體察老闆想繼續坐龍椅的上意，更蠢到把「迎回二聖」當口號在喊，宋高宗當然不能讓這事發生，只好先下手為強，透過秦檜把他除掉[10]。

所以，其實「君命有所不受」這句話，是寫給皇帝看的，用來提醒老闆不要管太多，該授權就要授權，讓將領能放手一搏、專心打仗。孫子在呈上履歷的同時，已經在給自己的老闆打預防針，替自己的職業生涯鋪路，在字裡行間藏下「君命有所不受」這句，提醒未來的老闆吳王闔閭，不要在戰況激烈時還在一旁扯後腿兼魯甭。

當然嘍，孫子也沒笨到只用教條方式勸說老闆別干預專業，他還是端出了牛肉來，〈地形篇〉這句「利合於主，國之寶也」，恰恰說明孫子其實是想告訴闔閭：**我要你不要管我，並不是為了自己的私利，而是為了老闆你的利益！**

我敢說，孫子能獲得面試機會，這句「利合於主，國之寶也」絕對有幫上忙。

付你錢的才是老大

很多頂尖業務永遠搞不懂辦公室政治，總認為我他媽只要把客戶搞定，替公司賺進大把業績，老闆也拿自己沒皮條，可以隨意遲到早退，在公司横行無阻。

事實上，只要獎金是由公司提撥給你，老闆就有權決定你的生死，可以在發放制度、比例、時程上大作文章，惹他不開心，他絕對有辦法搞你。

況且，老闆說不定已經跟別家公司老闆達成共識，你為了自己業績貿然搶別人的生意，等於是動到老闆的利益，更加罪無可逭。比如說，A客戶是你一直以來所仰賴的業績來源，爭取A客戶的訂單的確讓公司帳面的利益最大化，但今天老闆卻私下與B客戶達成共識，可以藉由B客戶的訂單幫忙作帳，或是把錢放進自己口袋，此時你還堅持跟A客戶做生意，等於直接損及老闆的利益，老闆當然不爽。

擁有你所需要資源的人，才是你要搞定的頭號目標，跟他打好關係，絕不會錯。再說，能體察上意，暫時犧牲自己的利益，也等於向老闆宣示你的忠誠，他勢必會從別的地方補償你，再怎麼說，老闆也需要建立自己的派系，不找別的甜頭來拉攏下屬，又有誰願意替他賣命？

10－也有說法是，「迎回二聖」是宋高宗自己喊的口號，岳飛被殺的原因是干預宋高宗立太子一事，總之也是無法體察上意。

你願不願意為了妹子做點犧牲？

別誤會，這裡的犧牲不是指各種損及自身利益的送禮請客接送，而是指花點時間學習相關知識。我曾經受邀出席某個講座，告訴大家想把妹的話，一定要懂些吃喝玩樂、影視八卦等相關話題，這些是用來跟妹子打好關係的絕佳工具，花點時間學習絕對有幫助。會後有位阿宅說自己對這些東西完全沒有興趣，問我有沒有別的辦法，除了風花雪月的垃圾資訊，還能把妹子逗樂？

我大概沉默了三秒鐘，反問他：**「不然你要跟妹子聊經濟民生之類的國家大事嗎？」**拜託，**在把妹情境中，妹子才是掌握你所要資源的關鍵人物，花點時間學習相關知識搞定她，是天經地義的事**，你要不要乾脆問我，怎麼讓老闆不叫自己做事還有薪水可以拿？真是站著說話不腰疼。

從另一個角度來看，「利合於主，國之寶也」的「主」，指的是更大、更長遠的利益，不光是掌握資源的人（老闆或妹子），也包括你的長期目標，正如我一直以來所強調的，永遠要替十年後的自己布局。

10-4

如何領導男人

視卒如嬰兒，故可以與之赴深谿；視卒如愛子，故可與之俱死。厚而不能使，愛而不能令，亂而不能治，譬若驕子，不可用也。知吾卒之可以擊，而不知敵之不可擊，勝之半也；知敵之可擊，而不知吾卒之不可以擊，勝之半也；知敵之可擊，知吾卒之可以擊，而不知地形之不可以戰，勝之半也。故知兵者，動而不迷，舉而不窮。故曰：知彼知己，勝乃不殆；知天知地，勝乃可全。

這裡要延續〈行軍篇〉後面講的「卒未親附而罰之」，來跟大家聊聊如何領導男人。

如何擁有領導者的氣場

在講方法之前，你必須先讓自己的狀態調整成領導者才行，也就是要具備領導者的心態。這裡我想從內分泌的生物學角度切入，告訴大家該如何散發領導者的氣場。

關鍵是，你要擁有足夠的睪固酮（testosterone）。

是的，睪固酮掌管男性特質的一切，讓你勇猛果敢、無所畏懼，在重大時刻更加願意挺身而出領導眾人，不光讓你心理素質產生變化，連你的身體狀況，也會因為睪固酮而產生更多肌肉（前提是你有在重訓），換言之，**擁有足量的睪固酮，不光是男人對你服氣，連女人也對你心動。**

那要如何讓睪固酮變多呢？有以下三種方法：

一、規律重訓

到健身房拿起啞鈴或槓鈴吧！特別是腿部相關的各種鍛鍊，包含深蹲和硬舉，科學研究證實，人在進行腿部訓練時會促進睪固酮分泌。**如果時間不夠，到健身房只能挑一種動作進行訓練，比起臥推，你更該練的其實是深蹲。**

二、斷食

有在看我粉專的朋友一定知道，我自己平常會透過斷食保健養生，雖然部分主流醫生對斷食頗有微詞，但事實上，斷食的許多好處已經被科學證實（只是這些挺著大肚子的醫生不願面對），不光是減肥，提高睪固酮的分泌也是其中之一。

三、別打手槍

我敢說這是很多男人閒暇之餘的娛樂，色情文化是全世界市值最大的產業，從露奶直播主到男人必備的D槽，都足以證明這件事。但你知道嗎？每次打手槍，都會降低你的睪固酮數量，如果你只能依賴打手槍這種簡單便宜的方法去釋放性衝動，長久下來會造成睪固酮偏低，舉手投足都會受到影響。

要釋放性衝動，請用合法又有智慧的方法，找真正的女人打一炮處理，又或者你也可以選擇把性衝動保留，作為拚事業或領導男人的驅力。

把睪固酮含量提升，你會發現眾人看你的眼光將有所不同，除了訝異，更多的是崇拜和景仰，絕對值得擁有。

領導男人的方法

然而，光具備氣場還是不夠，你需要點技術和手段才行。要提醒大家，睪固酮不是愈高愈好，過多的睪固酮會提高你的攻擊性，讓你喪失理智，無法思考，這時你該拿點技術規範去控制一下自己的情緒：

一、立信

很簡單，就言出必行而已，帶領部屬要讓他們知道你是可以預測，而不是喜怒無常的老闆，把規矩定出來，讓人知道你的標準，他們也能順著你的標準，往你希望的方向走去。這也是為什麼我有時接業配發現自己成本估錯會虧錢，也不會坐地起價，選擇鼻子摸摸自己吞下來，我就是要讓廠商知道我言出必行，如此一來才有源源不絕的案子隨之而來。

不光是領導統御，「立信」也是待人處世的第一步。

二、立威

這是很多空降主管的慣用伎倆，所謂新官上任三把火，大概都拿來殺雞儆猴，刷一下自己的存在感，具體做法不外乎找人開刀，常見對象有前朝老臣、派系首領，甚至是自己的親信，或許他們犯的是微不足道的小錯，先前主管也都睜一隻眼閉一隻眼，多一事不如少一事，但現在新任主管要展現威信，方便自己日後的領導，只好用這方法，把人抓來懲誡一番，告訴其他人：恁爸不是好惹的。

三、立恩

這是最高明的統御手段。再拿我們的老朋友——《三國演義》裡的孔明當例子。事實上，孔明和關羽的互動，一直是很好的領導統御教材，史實的關羽正如演義的關羽一樣，仗勢實力、自負又目中無人，手底下有這種能力超群的大將，可以說讓人又愛又恨，你還真拿他沒輒。

但孔明做到了，完美詮釋立威與立恩，成功收服關羽。

前面提到的博望坡之戰，孔明跟劉備借來印信來確保自己的指揮權，這裡屬於「立威」，雖然關羽心裡不服，但孔明手上握有劉備印信，再加上劉備也親身下去接受孔明指揮[11]，這份威信讓關羽不得不服。

之後跟曹操打赤壁之戰，孔明派關羽守華容道，一堆翻案文章說孔明明知道關羽會放走曹操才派他去還人情，但我認為，從「立恩」角度去看待孔明這項調度，會更加合理。

首先，就算宰了曹操，對國家情勢也於事無補，劉備仍舊沒有自己的地盤，曹操那裡也隨時可以讓曹丕即位，無損國力，劉備陣營還是得面對曹魏的猛將智囊與千軍萬馬，一樣難搞。再者，孔明一定要收服關羽，對日後國家戰略才有幫助，這比宰掉曹操要實在多了。因此，現在收

11－小說是關羽和張飛兩人領命離去後孔明才指派任務給劉備；但在二〇一〇年陸劇《三國》中是劉備當著關張兩人的面接受孔明調度，我覺得後者到位許多。

服關羽的機會擺在眼前，讓關羽把曹操放了，自己再演一下戲，讓眾人替關羽違反軍令求情，乾脆做個順水人情，趁機立恩。

女人也是要領導的

懂得領導男人可以幫你吸引到女人，但如果你想跟另一半保持互動良好的長期關係，可千萬別自行閹割退化成馬子狗，很多男人在外權傾天下，回到家卻變得像小貓小狗一樣溫順聽話，這絕不是好事。記得，**當初你怎麼吸引到她，婚後也請保持一樣的框架，維持你的吸引力，讓她尊敬你**；只要女人失去對你的尊重，雖然她嘴裡總會說男友老公很聽話好棒棒，但潛意識則認為你不再是個雄性領袖，你們的感情會漸漸變成一攤死水，慘一點的還會被小王趁虛而入。

身為男人，要具備主導關係的責任與能力，用領導者的姿態帶著家庭往前走。

第十一章

〈九地篇〉

各種情境的突圍方法

Chapter 11

11-1

心理素質的必修課

孫子曰：用兵之法，有散地，有輕地，有爭地，有交地，有衢地，有重地，有圮地，有圍地，有死地。諸侯自戰其地，為散地。入人之地不深者，為輕地。我得則利，彼得亦利者，為爭地。我可以往，彼可以來者，為交地。諸侯之地三屬，先至而得天下眾者，為衢地。入人之地深，背城邑多者，為重地。山林、險阻、沮澤，凡難行之道者，為圮地。所從由入者隘，所從歸者迂，彼寡可以擊我之眾者，為圍地。疾戰則存，不疾戰則亡者，為死地。是故散地則無戰，輕地則無止，爭地則無攻，衢地則合交，重地則掠，圮地則行，圍地則謀，死地則戰。

〈九地篇〉是《孫子兵法》最長的一篇，洋洋灑灑一千三百多字，占了整部兵法五分之一有剩，對第一次讀的人來說，很容易因為巨大篇幅而望之卻步。另外，後世考證認為〈九地篇〉有許多重複的概念，外加一點語焉不詳，所以很多學者認為〈九地篇〉有「錯簡」之嫌，意思是，可能當初出土的時候，跟其他篇章混在一起，後人也就將錯就錯，硬著頭皮讀了下去。

當然，你也可以說是孫子本人面臨交稿壓力（可能明天就要跟吳王闔閭面試，才發現還有一堆沒寫），只好在〈九地篇〉中硬是插隊，放了許多「神來之筆」，很容易讓人混淆。

然而，散亂歸散亂，〈九地篇〉還是有主心骨的，那就是人處在不同階段、情勢下的心理狀態，你必須對這些狀況知之甚詳，才能避開低級錯誤，甚至能反過來利用幫自己加分。

唯變不變的心理狀態

「分析自我的心理狀態」一直是一種高級技能，比前面提過的「後設認知」更高檔次，事實上，能跳脫出情緒，重新看待自我，也同樣能將思維的弱點一目瞭然。洞悉自我的內心，拿回對情緒的主導權，你的思維方式才有進一步提升的可能。

其實我對很多星座分析、心理測驗，包含命理相關的知識是處於保留態度，佛家術語把這些與生俱來的傾向稱為「業力」，意思是如果你上輩子是條只知道吃喝拉撒睡的狗，這輩子有幸轉生為人，仍舊可能保留身為動物的習性，只知道吃喝、找女人，被底層慾望所掌控，眼神還是跟動物一樣原始，正如不同時辰出生所帶有的各種傾向，每個人的一生，總是被所謂業力纏繞、掌控，而無法自知。

但是，佛家還有句話正是用來打業力的臉，叫「業力敵不過願力」，只要你肯發大願，立定志向，管他業力洪水滔天，纏繞在你身上的東西如同野獸一樣兇猛，正視一切，在關鍵時候做出正確選擇，你的一生就有機會改變，這正是阿德勒心理學的核心，人永遠可以透過選擇去掌握自己的人生，只要你願意。

前提是，你要先知道人的起心動念會被環境所掌控，比起星座命理給你的大方向，去觀照自己不同狀況下的想法，才是幫你做出正確選擇的關鍵。

交往前後心態大不同

「九地」雖然在講九種地形下所呈現的心理狀況，但大體上可區分成三類，分別是境內作戰、兩軍交鋒、深入敵境，我們用男女互動模型分別解釋：

一、境內作戰：夜深人靜空虛寂寞覺得冷

境內作戰指的是軍隊還留在自己國內，畢竟離家近，容易想家，最好的情況是讓大軍迅速開拔，避免思鄉之情讓戰力受損。正如同你還沒跟妹子正式交鋒之前，總會有夜深人靜的獨處時刻，這時你必須獨自面對她的已讀不回或是洗澡卡，妥善處理自己的各種腦內小劇場。

最好的情況，是迅速投入正事，讓自己沒空胡思亂想，要麼忙事業，要麼忙女人，更精確地

說，**讓女人成為拚事業之餘的調劑，你才是主角。**

二、兩軍交鋒：善用交際手腕提升自己的價值

如果處於兵家必爭之地，不見得要動刀動槍流血流汗，有時搞點外交手段，反而能兵不血刃，達到更好的效果，這裡也呼應先前講過的「伐謀」與「伐交」，當你跟妹子互動時，適當安排僚機，善用自己的主場優勢，低調隱晦地展現你的價值，才是把妹子手到擒來的絕佳方法。請你記得，**妹子的社交敏銳度可是遠遠高過我們男人，你能意識到的，她絕對能感覺到，而你無法察覺的細微事物，大多數情況下也逃不出她的法眼**，過於高調只會顯得你的脆弱，吸引到的會是另有所圖的瞎妹。

一般男人在這個階段，內心狀態還能保持像打電動攻略推王時一樣敏銳，會認真計算得失，有點心眼，雖然就達成目標而言都是好事，可真正的陷阱，卻在交往後才會出現。

三、深入敵境：陷入女人框架而不自知

很多男人以為交了女朋友後大事底定，從此可以不用再煩惱情場的大小鳥事，殊不知這正是深入敵境的開始，你反倒更該提升自己的魅力。

大多數男人維持長期關係的手段是拚命給承諾、對另一半掏心掏肺、奉獻所有，就算原本是情場浪子，也有很高機會就此從良，成為女人點頭稱是的馬子狗。

看似正常的長期婚姻關係，就在你的順從與交出主動權的狀況下，落入女人框架，一旦落入女人框架，或許她會覺得你是個很棒的老公或男友，但潛意識上，你對她會失去魅力，你已經不再是當初吸引她的雄性領袖，而是一條呼之即來揮之即去的可愛乖狗狗。

這時維繫你們關係的主軸，會從原始的慾望，變成兩人之間共有的理性，偏偏理性這種東西，往往只存在樂於解決問題的男人身上，對事事講求「感覺」的女人來說，反倒是種奢求，**遇到願意跟你講理的妹子你要覺得賺到，如果沒有，那也只是應該而已**。

最後，我對這段原文中的「死地」有點意見，眾所皆知，韓信利用死地激發士兵鬥志的背水一戰，是最常被後人引用作為「置之死地而後生」的最佳典範。或許在戰場上如同死地的逆境有激勵士氣的用途，但在情場上完全不能這樣用，**試圖用努力去挽回情場上的逆境，只會愈弄愈糟而已**，包括妹子不理你、已讀不回、訊息愛理不理、分手，統統都是。

情場的死地解法只有一個，那就是放手，**「不要最大」永遠是情場真理**，只有瀟灑轉身離開，原本的死地才會變回生地，人生才是另一番光景。

11-2

跟渣男學智慧

所謂古之善用兵者，能使敵人前後不相及，眾寡不相恃，貴賤不相救，上下不相收，卒離而不集，兵合而不齊。合於利而動，不合於利而止。敢問：「敵眾整而將來，待之若何？」曰：「先奪其所愛，則聽矣；兵之情主速，乘人之不及，由不虞之道，攻其所不戒也。」

有的時候，你還真的得學學渣男的心態，至少他們在處理妹子的問題上，可是非常果決明快，不拖泥帶水。事實上，搞死大多數宅男的真命天女症，或是犧牲奉獻請客當馱獸卻連小手都牽不到的窘境，在他們身上可是絲毫不見蹤影。或許在不明就裡的人眼中，渣男顯得過於冷血無情，不過，在討論技術之前，我認為有必要先討論一下渣男的定義。

完全不愛人的渣男 VS. 愛得要死的恐怖情人

渣男最大的特色，就是他們並不會真的愛上哪個妹子，到處撩妹也只是順從自己身為男人的播種天性，圖的是來一發的爽感；大多數把愛情當信仰在拜的妹子，看到「無法愛人」這四個字，會藏不住怒火開始跳腳，認為這群男人是天底下最糟糕的壞蛋，無法愛人又到處撩妹（諷刺的是偏偏妹子都愛這種男人），最好隨著薩諾斯的彈指從世上消失。

但我必須說，假使「無法愛人又有辦法將妹子搞上床」是渣男的唯一定義，那麼渣男可是有好與壞之分的。

雖然在「渣男」前面加個「好」字似乎有點怪怪的，但我也想不到更好的代名詞。所謂的好渣男，雖然出發點仍是滿足自己的慾望，可他多少會注意到生態平衡，不會去玩弄妹子的感情。要跟妹子上床的方法有很多種，可以感情騙炮，可以兩手一攤丟直球說自己就是來玩的，只要你操作的樣本數夠大、翻桌率夠高，一定可以從中找到適合的妹子來跟你玩一下。

好渣男會找玩得起的妹下手，不僅省事，也不會傷及無辜，更不會製造出對感情心灰意冷，於是投向魔鬼懷抱而化身成綠茶婊的女玩家，拿感情或婚姻騙炮是他們所不齒的事。

至於壞渣男，前面也說了，最典型特徵是為了爽那一炮而無所不用其極畫上各種大餅，騙來交往上床後立馬消失還是小事，有不少人甚至拿著婚姻當大旗，對嚮往婚姻的無知少女招搖撞騙。有些傻妹很奇怪，會認為跟男友上床叫天經地義，跟炮友各取所需叫罪無可赦，所以壞渣男便抓著這項弱點往死裡打，交往上床得手後，短短一週後立馬分手，照這群傻妹的定義，這完全合法，她們還是跟自己的男友上床，雖然這段感情只維持短短一週。

再來說說恐怖情人，如果單純用「愛不愛人」當作男人好壞的唯一定義，那我敢說恐怖情人的存在絕對是很好的一記耳光。恐怖情人個個都愛妹子愛得要死，差別在心態偏差造成方法錯誤，導致無法贏得佳人芳心，可人家的動機完全沒錯，他真的是愛得要死啊，甚至愛到想毀掉一切來成全自己的一顆真心。

就算你立志當個渣男，也必須考慮到所作所為產生的各種後果，這才叫智慧。**誰說不能當個有智慧的渣男？**

跟渣男學習

就結果來說，渣男的成功率可是非常高的，從他們的一貫伎倆學個幾招來用，足以在情場上受用一輩子（我自己課堂上還會教大家一招：如何點火引燃妹子的性衝動，當個好渣男），到底渣男有哪些地方值得我們學習呢？

一、唯利是圖

原文「合於利而動，不合於利而止」也是《孫子兵法》裡常被引用的經典名句，只有真正的實用主義者能得其真髓，甚至我會說，**只有實用主義者才幹得了事，而浪漫主義者只能躲在自己的世界自爽**，以為只要努力奉獻，總有一天會孝感動天，女朋友會從天上掉下來。

當然，唯利是圖也是有分等級的，短視近利固然不可取，但要看到長期利益也不是那麼容易，這取決於你的眼界、歷練，以及是不是先把目標想清楚。

二、孤立

「敵人前後不相及，眾寡不相恃，貴賤不相救，上下不相收，卒離而不集，兵合而不齊」講的是孤立的原則，「孤立」自古以來都是邪教操弄人心的必要手段，只要把你跟家人、親朋好友隔離開來，讓你的注意力只能放在他身上，總有一天你會因為資訊來源受限，而投向他的懷抱，這就是洗腦的可怕。

渣男可是深諳此道，**懂得用已讀不回製造懸念，用曖昧不明的言語讓妹子掛心，一旦掛心，自然沒空去認識別的男生，整個注意力都被渣男拿走，也把主導權交了出去**。

所以，渣男對妹子有著看似呼之即來揮之即去的超能力，其實都是善使小手段的結果。

三、製造被剝奪感

「奪其所愛」是許多被主流媒體洗腦的男人永遠無法理解的一招，畢竟社會文化總要我們體諒、照顧另一半，就算她犯了錯，也要先想辦法包容再說，要把人家喜歡的東西拿走，恐怕會有道德上的疑慮，得承擔點輿論壓力。

不過，渣男就是渣男，永遠有著比一般人更強大的心理素質，有著更堅韌的臉皮厚度，這點小事難不倒他們。要做到「奪其所愛」，你要先確定妹子喜歡你才行，妹子的「愛」，指的正是你本人。

是的，你必須用不同形式去搞失蹤，已讀不回是其中一種方法，總之，**你要讓她找不到你，短暫地從她生命裡消失（我要強調，是短暫的）**。一旦妹子找不到你，她會開始緊張、焦慮，擔心你是不是不再愛她，又或是狡兔三窟另有新歡。相信我，適時讓她焦慮一下，絕對是讓你們感情升溫的好方法。

至於使用時機，我的建議如下：

如果你們剛認識，感情火熱升溫，你很篤定妹子喜歡你，那不妨挑個週末完全消失，訊息不讀不回，讓她以為你說不定有其他約會對象，要是她問起，記得不要說實話也不要說謊（實話是你根本待在家打電動），用模糊曖昧的語言糊弄，或乾脆顧左右而言他也行。

如果你們已經交往（比較好的情況是剛交往不久，交往太久效力會大打折扣），「奪其所愛」的最佳使用時機，則是她開始無理取鬧，或是出現任何你不想要的行為。沒錯，**你要把「奪其所愛」當作一種處罰方式**，看是要搞消失，還是把原本的約會或燭光晚餐取消，讓她知道誰才是老大，把主導權牢牢掌握在自己手上。

當然嘍，**要是妹子一乖，你要適時給予獎勵**，《韓非子》也說「獎懲」是君王統治臣下的兩大利器，在情場一樣適用。

常有學員問我，為什麼明明渣男對妹子不好（有的還家暴），妹子仍舊不離不棄，身邊朋友講到嘴巴都爛了，還是願意待在他身邊？說穿了，渣男的手法畢竟深懂人性，我們當然可以取其真髓，去圓滿自己的感情生活。

11-3

改變心態的關鍵

凡為客之道：深入則專，主人不克。掠于饒野，三軍足食。謹養而勿勞，并氣積力，運并計謀，為不可測。投之無所往，死且不北。死焉不得，士人盡力。兵士甚陷則不懼，無所往則固，深入則拘，不得已則鬥。是故其兵不修而戒，不求而得，不約而親，不令而信。禁祥去疑，至死無所之。吾士無餘財，非惡貨也；無餘命，非惡壽也。令發之日，士卒坐者涕沾襟，偃臥者淚交頤。投之無所往者，諸、劌之勇也。故善用兵者，譬如率然。率然者，常山之蛇也。擊其首則尾至，擊其尾則首至，擊其中，則首尾俱至。敢問：「兵可使如率然乎？」曰：「可。」夫吳人與越人相惡也，當其同舟而濟，遇風，其相救也，如左右手。是故方馬埋輪，未足恃也。齊勇如一，政之道也，剛柔皆得，地之理也。故善用兵者，攜手若使一人，不得已也。

我大學的時候，玩過一款遊戲叫《異域鎮魂曲》（那是西元二〇〇〇年的事了），堪稱是史上最扣人心弦、文字量極大，又最能引發哲學思辨的一款角色扮演遊戲，裡頭有個經典命題，到現在我還沒想出答案：

「什麼能改變一個人的本質？」

剛好〈九地篇〉這段原文講的是如何把士兵變得勇猛果敢、毫不畏懼，我也趁此機會跟大家聊聊如何轉變自己的心態，至少能擺脫魯蛇，不用繼續活在母體裡（電影《駭客任務》的典故）。

在我還沒學壞以前（咦），跟大家一樣覺得把妹就是要告白才有希望，也歷經一段長時間的自我懷疑陣痛期，心裡覺得很納悶，明明妹子選我才是正解，為什麼她們總是選那些又壞又花心的渣男，任他們打罵卻始終不離不棄，而他媽的，我自認是個很好的另一半，卻始終把不到最喜歡的妹子當女朋友？

選擇的分歧

我敢說，八〇%以上的男人都有過上面所說的疑問，你會懷疑自己，懷疑這個世界，懷疑女人腦子是不是有問題，人就是這樣，當現實與認知產生衝突時，必須要找個東西怪罪一下，藉此緩解心中的不適，這些都是自然的反應，很正常。

孫子在〈九地篇〉也說了，要讓士兵凝聚士氣，方法之一正是「投之無所往，死且不北」，把他們丟到無路可逃的地方，他們自然會拚死奮戰，畢竟已經退無可退，不認真拚一下連命都沒了。有時善用逆境，反而是突破現況瓶頸的最佳契機。

所以當落入渣男大殺四方的困境，而你這個「好男人」卻身陷老是吃癟的自我懷疑中，你其實有以下三種選擇：

一、總有一天她們會懂的

八〇%的宅男屬於這種，他們深信告白、犧牲奉獻、請客吃飯可以解決所有情場上的問題，如果告白一次沒用，那就繼續告白第二次、第三次，直到佳人點頭。**或許「量變產生質變」這項真理在某些地方上適用，但絕對不適用於情場**，就算你用工具人的方式把到妹，也是因為妹子覺得你是個好用的工具，跟你在一起只是圖個便利，她一點都不愛你。

妹子的心，絕對不可能因為你無止境的魯蛇行為而有所改變。

二、透視遊戲規則

最好的情況其實是這個，大多數男人在打電動遭遇困境時，會上網尋求攻略，看別人分享推王心得和通關要訣，**只要你願意把男女互動視作一場「遊戲」，而不是什麼攸關生死的人生大事，你就能夠靜下心來，認真研究其中規律，最後你也能看穿迷思，了解妹子在玩什麼把戲。**

事實上這很合乎直覺，只是一般男人被自己對愛情的信仰困住，無法把男女互動視作一場遊戲，甚至他們會妖魔化所有渣男，認為自己非常神聖、清高，把愛情當成遊戲的人，完全是玷汙世界的垃圾，不配活在這世界上。

或許吧。但我前面也說了，情場上真正的贏家，正是這些透視一切遊戲規則的「渣男」。

三、詛咒這個世界

介於「覺醒」與「沉淪」之間，還有個東西叫「憤怒」，當人接觸到新的知識、資訊，嚴重跟自己認知的世界相牴觸時，必須靠憤怒的情緒去緩解認知失調，甚至我敢說，或許有些讀者朋友在翻這本書時也有類似的感覺，心裡暗罵這他媽是什麼邪說，把兩性關係寫得如此不堪（又或者，太過真實到讓人難以置信），下一步可能是拿到二手書店去賣。

我得說，**憤怒的情緒是個必然的過渡狀態，你愈快走過這階段，愈早接受現實，也愈快進入覺醒狀態，重新看待兩性關係**。怕就怕你一直處於憤怒而不願向前，如前面所說的妖魔化身邊一切，用「it should be」去解釋。所謂不求實際、只講理想的左膠正是如此。

雖然憤怒狀態是必然，可不是每個男人都能意識到這只是過渡時期，後面的覺醒狀態可以重塑自己的人生。有些男人會將妖魔化的情緒發揚光大，成為「女人的最佳守護者」，看到任何侵犯女性的言論，他們的反應比女人還激烈。國外兩性論壇可是有個專有名詞叫「白騎士」（White Knight），專指這類正義戰士。

然而，這些白騎士並沒有失去想把妹的天性，只是他們天真地認為，只要能獲得妹子的好感與稱讚，也同樣能具備吸引她們的魅力，但真相呢？一樣是被妹子罵得要死的渣男屢屢得手，贏家地位依然屹立不搖。

謎男有一句名言，非常適合形容這現象：「吸引是種開關，而不是選擇。」

覺醒的第一步

你看，雖說逆境是覺醒的契機，但也僅止於契機而已，撒滿了火藥還是得點燃它，你的心態才能因此獲得改變，人生也能進入不同階段，重新拿回屬於自己的主導權，如同電影《駭客任務》裡救世主尼歐最初的選擇：吞下覺醒的紅色藥丸（Red Pill），脫離母體。

一旦你有幸覺醒，想認真靜下心來研究兩性互動的真實規律與知識，我給你的第一個建議是：**遠離命理、星座、塔羅這些東西**。

這些東西拿來唬妹子可以，或者當作幹話聊天，增加話題讓彼此互動升溫也就是了，千萬不要作為把妹或撩妹的行事依據，原文也提到「禁祥去疑，至死無所之」，指的是帶兵要禁止士兵迷信鬼神，如此一來才能毫無疑慮，奮勇殺敵。你要把妹、撩妹，絕對不能自己嚇自己，還沒開把就自行龜縮。

比起星座塔羅之類的靜態宿命論，你要把妹、撩妹，更重要的是男女之間動態的心理變化，**一句話、眼神、肢體動作、表情，威力都遠高過星盤或命盤**，讓你們關係升溫，或者……呃，跌落谷底。

所以你唯一的依據是妹子的反應，一開始請放大視覺與聽覺感觀，認真注意妹子的表情、眼神、語氣，這些才是情緒變化的可靠指標（比起把什麼衰㴱事都怪給水逆要靠譜多了），等你練習一段時日，便能培養出與人互動的社交直覺，一個眼神交會，自然能知道對方心裡所想。

如此一來，你才能隨心所欲，讓能力跟上自己的野心，真正達到「善用兵者，攜手若使一人」的自在境界。

11-4

長期關係的真相

將軍之事：靜以幽，正以治。能愚士卒之耳目，使之無知。易其事，革其謀，使人無識。易其居，迂其途，使人不得慮。帥與之期，如登高而去其梯。帥與之深入諸侯之地，而發其機，焚舟破釜，若驅群羊。驅而往，驅而來，莫知所之。聚三軍之眾，投之於險，此謂將軍之事也。九地之變，屈伸之力，人情之理，不可不察也。凡為客之道：深則專，淺則散。去國越境而師者，絕地也；四達者，衢地也；入深者，重地也；入淺者，輕地也；背固前隘者，圍地也；無所往者，死地也。是故散地，吾將一其志；輕地吾將使之屬；爭地吾將趨其後；交地吾將謹其守；衢地吾將固其結；重地吾將繼其食；圮地吾將進其途；圍地吾將塞其闕；死地吾將示之以不活。故兵之情，圍則禦，不得已則鬥，過則從。

說段政治不正確的話，其實男人在長期關係中該扮演的角色，正該如同這段原文所講的統御士兵之道──「靜以幽，正以治。能愚士卒之耳目，使之無知。易其事，革其謀，使人無識」，透過保密、變更計畫等手段，讓底下士兵丈二金剛摸不著腦袋，去維持自身的領導權威，提升底層的執行效率，只是這回你的目標，卻變成婚姻關係中的另一半。

先等一下，就算你再不認同這段帶有沙文主義色彩的論點，反正你書都買了錢也付了，不妨耐著性子把我的理由看完，說不定能因此從中獲益，重新思考自己的長期關係。

雖然前面講過不少關於長期關係的東西，但在這我想定義長期關係是怎麼一回事，畢竟處於華人社會，無法像西方國家一樣保有持續約會卻又不結婚的伴侶關係，我們姑且把長期關係，定義為婚姻或交往超過五年的情侶吧。

在國外的兩性論壇裡，數以萬計的男性已婚網民，同樣問著以下問題：

「為什麼明明相安無事，維持十年以上的婚姻生活，自己的另一半卻可以說走就走，拋下家庭包括孩子的一切，頭也不回地遠走他鄉，甚至投入別人懷抱？」

或許在華人世界裡這事並不常見，但隨著愈來愈高的離婚率，我們有必要重新思考婚姻生活的本質，到底為什麼維持婚姻變得像天方夜譚一樣不容易，至少就我目前身旁朋友的狀況，總是分多合少，這年頭，能夠有段白頭偕老的婚姻，比起五〇、六〇年代，機率恐怕不到十分之一。

「理想婚姻」

聰明的讀者應該已經發現我加了引號。一般主流媒體所拚命強調的理想婚姻，不外乎是相知相惜、夫妻同心、共同成長，有事一起溝通，有困難一起面對，當然，有好處也一起同享，總之是生命共同體，互相提攜與扶持，一如結婚典禮上最常放的一首歌，范瑋琪的《最重要的決定》所唱：「就算流淚也能放晴，將心比心，因為幸福沒有捷徑，只有經營。」

我相信有九五％以上的男人也抱著同樣想法，就連到處跟女人上床的浪子，也在尋找能讓自己願意定下來的女孩——那位值得他放棄整片叢林，守在他身邊的女孩。

但「理想婚姻」的前提，卻是建立在女人講道理這前提上，我並不是說所有女人都不講道理，我還是願意相信有講道理的女人存在，也願意相信這世上存在如同獨角獸般的「理想婚姻」，只是就實際狀況的貼身觀察，只能說大多數女人的理性思維並不如男性強烈，對關係的忠誠度可是不及男人。

看到這裡，也許有女人想跳腳了（誰叫妳自己要買這本書的），她們會說，明明男人外遇的情況比女人嚴重，婚後偷養小三，老闆偷吃下屬、客戶，在我們身邊屢見不鮮，怎麼會說女人的忠誠度不及男人呢？沒錯，單就行為本身，男人的確是常屈服於自身基因本能到處睡妹，然而如果妳願意用大數據的角度，去比較男女雙方外遇（或分手）後的內心變化，會發現以下兩個有趣的事實：

- 男人可以在外遇的同時，一樣愛著家裡的女人；女人一旦外遇，心再也回不來了，完全不可逆。
- 男女朋友要是分手，女方想挽回男方是容易的。而男方想挽回女方，幾乎是不可能，就算成功，激情也不再，如同插管的癌末病人，拖條爛命活著。

或許妳不認同，但不妨從此刻開始觀察身邊已婚朋友的外遇狀況（喂），或是簡單點，觀察情侶分手後挽回的成功比率，來驗證這兩條說法是不是真的。

為什麼會有這種差異？答案是，**維持男人對長期關係的熱情，除了女人的外貌，更加關鍵的是心靈的陪伴；而女人則忠於她們的基因，持續追求能讓她們崇拜與景仰的男人。**

有句話叫「親則生狎，近則不遜」，在這更顯得力道十足。身為男人的你，一旦在她眼前秀出所有底牌，對她而言將不再是高高在上的雄性領袖，也不再像以前剛認識一樣具有吸引力，此時此刻，女人對於關係的維持只能仰賴理智，偏偏理智卻是專屬男人的強項，不是女人的，基因造成的情感驅力也絕不是理智所能抗衡，只要女人被情緒牽著鼻子走（機率超高），你們的關係將只剩下義務。

忘了在哪個影片看過這段話：「女人不可能像男人愛女人一樣愛她的男人。」我覺得這真他媽的有道理。還是要強調，我不是在為男人開脫，也無意醜化女人，這世上還是有拋家棄子不顧家庭的王八蛋男人，也有著任勞任怨為家裡付出一切的女人，只是就我觀察現代社會大多數婚姻和情侶的結果，跟大家報告我的心得。

維繫長期關係的藥方

偏偏九九％的男人，在進入長期關係後，會和盤托出一切，不光是事業、工作，連個性也被摸得一清二楚，有的還以為婚姻關係確立後，從此不用再跟別的男人競爭，放任日趨變大的肚子，從原先被女人崇拜的神壇跌落谷底。

具體做法有以下步驟：

- 你要有主導關係的覺悟，別指望用溝通解決問題，或許這世上存在著可以用理性溝通的女人，但絕不是你身邊這位。
- 持續精進、努力，讓女人永遠摸不清你的上限（也別讓她知道你的下限），用強大的實力直接主導一切。

● 保持神祕感。我完全同意毫無遮掩是非常爽的事，但只要想到「做自己」在長期關係中會降低你領導女人的威力，我相信你也會好好權衡這其中利弊。

記得，我不是要你做個虛偽的人，也不是要你扮演跟自己格格不入的角色，**你只是不要讓另一半知道那麼多，如此而已。**

在所有的軍事或商業行動中，本來就是高層擬定決策，基層人員照表執行，甚至不用知道為什麼，在保密的前提下才能發揮百分百的執行效率。在長期關係中，你可以不用做到「使之無知」或「使人無識」這類愚民思想，讓另一半保有原先獨立自主的靈魂與思考能力，但你一定要做到「靜以幽，正以治」，用強大的實力（還記得我前面說過把妹要用奇兵，但維持關係要用正兵）與神祕感去維持你們的長期關係。

至於為什麼五〇、六〇年代的離婚率會這麼低，乃是因為當時有傳統的大男人思想去維繫婚姻倫常，現在嘛，誰敢拿大男人那套出來說嘴，就等著被眾人炮轟，準備被貼上各種政治不正確的標籤嘍。

11-5 兩性戰爭總結

是故不知諸侯之謀者，不能預交。不知山林、險阻、沮澤之形者，不能行軍。不用鄉導，不能得地利。四五者，不知一，非霸、王之兵也。夫霸、王之兵，伐大國，則其眾不得聚；威加於敵，則其交不得合。是故不爭天下之交，不養天下之權，信己之私，威加於敵，則其城可拔，其國可隳。施無法之賞，懸無政之令，犯三軍之眾，若使一人。犯之以事，勿告以言。犯之以利，勿告以害。投之亡地然後存，陷之死地然後生。夫眾陷於害，然後能為勝敗。故為兵之事，在於佯順敵之意，并敵一向，千里殺將，是謂巧能成事者也。是故政舉之日，夷關折符，無通其使；勵於廊廟之上，以誅其事。敵人開闔，必亟入之，先其所愛，微與之期。踐墨隨敵，以決戰事。是故始如處女，敵人開戶，後如脫兔，敵不及拒。

〈九地篇〉的最後，孫子對正規作戰做一番總結和叮嚀，最後兩篇的〈火攻篇〉與〈用間篇〉，算是用來搞小動作的特殊作戰補充包，大多是用來陰人的，所以《孫子兵法》的本體，我認為到此已經告一段落，你也可以把這段原文當作整部兵法的總複習來讀，從一開始的廟算、領導統御、戰場研判，大多都包含在內。

要讀懂《孫子兵法》，得牢牢抓住「知」這個字，不光是〈始計篇〉的敵我雙方實力對比、〈軍形篇〉的客觀資源布署、〈虛實篇〉的敵人弱點，你用觀其大略的方式去讀整本兵法，會發現它把戰爭中可能發生的種種狀況都告訴你。你看，兩軍交鋒不光是比裝備精良或兵強馬壯，還要考慮士兵在不同地形的心理變化與士氣激勵方法，連跟諸侯打交道也是其中變因，這種思維格局，正是短視近利的現代人最缺乏的「大局觀」。

兩性戰爭的大局觀

自二〇〇六年的經典神作《把妹達人》（*The Game: Penetrating the Secret Society of Pickup Artists*）問世以來，不知啟發多少男人，開始投身研究把妹相關學問，也從那時候起，ＰＵＡ漸漸成為男人的顯學，甚至成為許多魯蛇用來脫魯的聖經，期待著能靠ＰＵＡ相關知識翻轉人生。雖然對魯蛇來說，跟妹子約會就叫翻轉人生……

然而，ＰＵＡ雖然在當時威力無窮（在二〇〇六年左右），但時過境遷，由ＰＵＡ衍生的各項把妹理論（當然也包括把妹課程），大多只著墨在如何偽裝、造勢，讓妹子心裡小鹿亂撞的戰術思維，卻無法考慮大環境的變化，包括政治、法律、意識型態、生物演化等眾多議題在兩性互動所造成的影響，也就是說，**PUA已經愈來愈不好使了**。

只用PUA的視角去看待兩性互動，會淪落於只從兩軍交鋒的狹隘視野去計較戰爭利害得失，比起開打後再來煩惱，我們更該學的是《孫子兵法》教我們的大局觀思維，用更高格局去檢視兩性關係。

美國卡通《GI Joe》有句名言：「Knowing is half the battle.」意思是，只要你「知道」，幾乎可以說贏得一半的戰爭了。而戰爭所包含的各種元素，是你第一個該知道的事，兩性戰爭也是一樣，把妹，不是只有話術、撩妹、聊天這麼簡單，還有更多事值得你擔心。

Red Pill把妹理論

其實我在前面已經偷偷提過「Red Pill」這關鍵字，典故一樣來自電影《駭客任務》，救世主尼歐吃下紅色藥丸覺醒之後的改變。國外兩性論壇老早就發現，整個世界已經嚴重女傾，包括法律、媒體、輿論風向，絕大多數是對女性有利，而男人卻至死看不清假象，在國外，甚至女人自己出軌導致婚姻破裂，付贍養費的還是被戴綠帽的老公。

當然，畢竟大家買的是《孫子兵法》（其實是我假借《孫子兵法》之名跟大家推銷我的思想，哈哈哈），篇幅有限，無法將Red Pill的東西全部講完，只是大家可以先知道男人的環境有多險峻，別再渾渾噩噩過日子，這才是覺醒脫離母體的開始。

一、媒體風向

你隨便看任何的電影、電視節目、偶像劇等，統統都在暗中強化真命天女症的種子，連美國隊長選擇回到過去時光，也是為了去找當年的愛人共度一生（希望你有把漫威電影《復仇者聯盟4》看完），**媒體文化的洗腦，是最無遠弗屆也不著痕跡，打從你每天早上起床睜開眼睛，腦中接受的資訊就是帶你走向更深層的真命天女症**。

一旦罹患真命天女症，在兩性戰爭中你將更加沒有還手餘地。

二、意識型態

再者，不知道你有沒有發現，這年頭女性主義變得愈來愈猖狂（我真的得用這字眼），要先說，我對追求兩性平等沒什麼意見，像英國率先鼓吹兩性同工同酬，我也覺得這理所當然，願意付出努力的人，本來就該給予相同報酬，只是我不能接受的是，**某些女性主義的自助餐愛好者，舉著平等大旗，看到好處就吵著要平等，但遇到責任和義務，原先鼓吹的平等像轉彎的子彈，消**

失得無影無蹤。

要是有哪個男人膽敢質疑這點，嘿嘿，這年頭，女人批評男人叫「獨立勇敢的新時代女性」，而男人批評女人，等待的卻是「仇女」的標籤。

三、妹子的擇偶條件

當然，我們還是得談及妹子的天性——基因造成的擇偶策略。**妹子的擇偶策略大致分成兩種：尋求健康基因與追求生活保障。**

追求健康基因，是為了確保孩子的條件取得先天優勢，跟高大威猛帥哥生的孩子，光就基因來說已經讓下一代贏在起跑點上，省掉之後的鉅額整形手術費用。而找個願意養自己的老公，則是能確保生活無虞，專心養育下一代。

這兩種角色，理想上是同一個人，可如果身為男人的你無法照顧到她的基因需求，**僅用工具人的方式把妹，或許妹子會因為年紀到了選擇跟你在一起，但在平淡乏味的婚姻生活中，有很高的機率跟請來幫自己減肥的健身教練出軌。**

這正是美國等西方國家的男性們目前所遭遇的狀況。

知道狀況才有救

你能明白上面的處境，已經贏過只會追尋聊天話術、以為「脫單」就沒事的廣大宅男們，可以就此擺脫漫無目的又窮忙的戰術思維，從此進入「do right thing」的高級境界。別像一堆網美粉專底下的留言，整天追著女人跑，屈服在軟色情底下，讓自己的睪固酮蕩然無存。**只要你願意把注意力拉回自己的事業和生活上，女人反而會正視你的改變，到最後，妹子會反過頭來尋求你的關注。**

這才是《孫子兵法》一直想教我們的「不戰而屈人之兵」。

第十二章

〈火攻篇〉

真正的王者，不是百戰百勝，而是一勝定天下

Chapter 12

玉石俱焚的火攻

情場上的陰謀套路

沒有好處的事別做

12-1

玉石俱焚的火攻

孫子曰：凡火攻有五：一曰火人，二曰火積，三曰火輜，四曰火庫，五曰火隊。行火必有因，煙火必素具。發火有時，起火有日。時者，天之燥也。日者，月在箕、壁、翼、軫也。凡此四宿者，風起之日也。

自〈火攻篇〉開始到最後一篇〈用間篇〉，《孫子兵法》進入「特種作戰」階段，通常是雙方對峙、正規作戰僵持不下，需要來點不一樣的突破僵局，於是火攻便成了首選方案。然而，《孫子兵法》所提供的技術指導，畢竟是兩千多年前的東西，現在的特種作戰誰還在跟你放火啊，要麼派遣暗殺部隊擒賊先擒王，直指最高指揮官，或是發射飛彈把你家打爛，更殘忍一點的，還可以像當初二次大戰美國對日本長崎和廣島一樣，兩顆原子彈打到人家直接投降。

因此，後世有些人把《孫子兵法》〈火攻篇〉解讀為現代的核子戰爭。但你要知道，孫子之所以把火攻放到最後階段，正是因為火攻有違《孫子兵法》的全勝原則，你把人員、糧草、裝備輜重燒得一乾二淨，也等同於打勝仗後自己拿不到任何東西，從這角度來看，等於是在燒自己的家產，與「勝敵而益強」的概念背道而馳，**用火攻取得勝利，只會贏了面子卻輸了裡子。**

除非，你有更高的戰略考量，有著比拿到敵人資源更重要的事，看得到更長遠的利益，又或者，戰爭的勝敗已經直接影響到你的存亡，那也不用管是不是能拿到敵人的資源，還是放火把敵人燒得一乾二淨，先求勝利再說。像當年的「赤壁之戰」就屬於這種，周瑜不放火還真贏不了曹操，也救不了東吳。

所以，孫子並不推薦用火攻作為主要進攻手段，試想，要是大國開戰直接拿核彈對轟，世界早就毀滅了。

一般而言，不論攻守，火攻都是把帶有玉石俱焚意味的雙面刃，除了前面講的進攻時你可以燒人家老母，防守撤退時也可以一把火把帶不走的資源燒光，在〈作戰篇〉講「因糧於敵」概念時提過用焦土政策對自家軍隊使用火攻，正是反制對手「因糧於敵」的絕佳方法。

長期關係的火攻

沿著玉石俱焚的思路想下去，你會發現不少人在情場上幹著類似的蠢事，自以為使手段贏得一切，殊不知卻是拿人生陪葬，耗盡彼此能量的蠢事——孤立。

這裡的「孤立」，指的是嚴格監管另一半的耳目，從交友狀況、公司同事、出門聚會，到各種通訊軟體的互動，全部要求對方報備，更甚者，會要求對方交出手機直接掌控。**喜好孤立做法的人，會把「真正的愛情沒有祕密」當信條，藉此實行徹底掌控對方的種種做法，說穿了，一切都是自己缺乏安全感作祟。**

一、因為你玻璃心，才需要如此掌控對方

有道是「真金不怕火煉」，一個對自己實力有信心的男人，絕對不會擔心其他男人的競爭，試想，如果今天你的約會對象是昆凌（當然，如果你約得到的話），你覺得昆凌的老公，也就是年收逼近新臺幣十二億的華語歌曲天王周杰倫會鳥你嗎？顯然不會，他只會對你笑個兩聲，把昆凌接回去時，還會問你要不要搭他的車順道送你回去。而他的車，你可能努力一輩子不吃不喝都買不起。這就是男人該有的霸氣，直接用行為告訴你：**「想把我的妹，下輩子吧！」**

再者，對生活握有主導權的男人，絕不是繞著女人打轉，除了對自身實力有絕對自信，也不太在意自己的女人是不是繼續留在自己身邊：**「想走？行啊，自便，反正妳也找不到比我更好的男人，而我的口袋名單裡也有比妳更好的女人等著排隊。」**

一旦你用上火攻，或許女生會因為被孤立而別無選擇地黏你更緊，但你也因此喪失成為下一

個周杰倫的動力，把時間和精力都花在沒意義的關係維穩上，事業與生活毫無長進。

你該處理的，是自己缺乏安全感的玻璃心，而不是掌控另一半。

二、你的妹會變得很魯洨

其實我一直很不明白，為什麼有男人會希望自己的女人整天待在家別去上班，雖說這看起來可以降低妹子出軌的機率，但是你會因此變成另一半的「全部」，她必須，也只能把心力都放你身上，以你為中心繞著打轉。

養過毛小孩或喵星人的朋友，一定聽過下面這段話：「對你來說，牠可能只是你生命中的一部分；但對牠來說，你卻是牠的全世界。」用在寵物上或許很甜蜜，但用在女人身上，這恐怕是場災難，如果你變成她的全世界，那我敢說，只要你一個言行稍不合她意，下一秒恐怕會擦槍走火，她的情緒也會因為世界只有你而放大千百倍，一點雞毛蒜皮小事也能大吵，你要是忍無可忍想分手作收，還得擔心她是不是會變成恐怖情人，一哭二鬧三上吊跟你魯洨。

聽我的，**為了生活的寧靜著想，放你的女人到外面去飛吧！**讓她去上班，也別整天電話查勤，多帶她到外面走走，讓她老待在家裡是會悶壞的，對你對她都不是好事。

三、女人想出軌，怎樣都有辦法

沒有人希望另一半出軌，然而，要防止出軌最有效率的辦法，絕對不是嚴密防堵，再嚴密的查勤與防堵，只要女人的心不在你身上，她絕對擠得出時間，利用工作或假期的空檔投向小王懷抱，再加上男人察言觀色的能力遠遜於女人，所以女人要掩飾自己的出軌行徑，相較男人東躲西藏可是要容易許多。

這麼說吧，男人出軌，家裡的女人有極大可能是睜一隻眼閉一隻眼；而女人出軌，家裡的男人可是真他媽的完全不知道，她就是有辦法演得跟沒事兒一樣。

所以，根本沒什麼好監控的，**反倒你能展現不害怕失去的泱泱大度，你的另一半才更可能因此為你折服**。大家都讀過《伊索寓言》裡北風和太陽的故事，可只要面對「得失心」這項巨大心魔的挑戰，九〇%的男人會選擇變成北風，而不是用太陽的方式去收服女人的心。

說起來，這把火燒起來還真沒什麼意思，我前面多次強調，長期關係更講求的是「正兵」而不是「奇兵」，火攻的本質其實偏向奇兵，本就不適合在長期關係使用，喜歡追求陰謀詭計的朋友，恐怕要失望了，要有優質的長期關係，你必須有長遠的戰略思維才行，奇兵是不好使的。

雖然長期關係很難使用奇兵，但追求或吸引階段可以，下一節，我們就來聊聊火攻的陰謀本質，跟大家說說情場上防不勝防的老司機套路。

12-2

情場上的陰謀套路

凡火攻，必因五火之變而應之。火發於內，則早應之於外。火發而其兵靜者，待而勿攻。極其火力，可從而從之，不可從而止。火可發於外，無待於內，以時發之。火發上風，無攻下風。晝風久，夜風止。凡軍必知有五火之變，以數守之。故以火佐攻者明，以水佐攻者強。水可以絕，不可以奪。

看到標題這樣下，我猜應該不少人是看了目次後跳過其他章節，直接翻到這裡來。沒錯，自古以來火攻扮演的角色就是如此不堪，以致有些衛道人士不屑使用，但是，打仗這種事本來就不該講道德，如同我們前面提過腦袋迂腐的宋襄公，還等人家渡河完畢再擺陣跟人正面對決，就算舉著仁義當大旗，一樣被人家楚軍轟個稀巴爛。

那麼情場呢？情場上的戰爭該不該講道德？橫刀奪愛搶人家女友算不算有違道德？雖然在主流媒體的輿論鼓吹下，常聽到搶人女友總有一天報應會到自己身上的屁話，但如果你把〈九地篇〉最後提到女生的擇偶策略多讀幾遍，一定可以領悟「吸引是種開關，而不是選擇」的道理。

沒錯，要橫刀奪愛，或是當人家小王，不是道德兩字可以約束，包括女生也無法完全自我控制，一旦她喜歡你，她會想盡辦法飛過半個地球，或是上班時間偷溜出來騎到你身上（友善提醒：雖然橫刀奪愛不犯法，但千萬要注意對方是不是已婚身分，確定你所在的國家是不是有妨礙家庭這類的通姦罪存在）。

特別是剛出社會、從學生時代就在一起的情侶，可是充滿破綻，讓人可以趁虛而入……

情場上的陰謀套路

忘了在哪看到的老司機套路，很值得跟大家分享。講套路之前，大家先記住一個段子：「**若她涉世未深，帶她看盡人間繁華；若她心已滄桑，帶她坐旋轉木馬。**」基本上，你用這大原則跟妹子相處，距打中她的內心也八九不離十了。

拉回原先的例子，剛入社會約莫二十三到二十五歲的漂亮女孩，已經有個從學生時代交往三年左右的男朋友，你想橫刀奪愛，該怎麼出手比較好呢？讓你想五秒鐘。好，原版的故事如下：

中年離婚，有錢又有勢的老闆，看上剛進公司、年輕又漂亮的女職員，想盡辦法要一親芳澤，找各種理由和藉口邀約，但女孩有個交往多年的男友，始終拒絕老闆的追求。

這時老闆的司機兼參謀，出了主意：「老闆啊，你不懂這年紀的女孩，涉世未深還傻傻相信愛情，只要讓她知道有錢人的生活有多爽，她自然會吃你這套。」

老闆恍然大悟，開始砸錢籌畫尾牙大獎——雙人豪華杜拜七日遊，從阿聯酋頭等艙、高級禮車接送、極盡奢華的美食，到六星級飯店，整趟幾十萬的開銷，統統都由公司買單。而這份大獎，想當然耳老闆搞點黑箱作業讓女孩中獎，於是女孩和男友兩人開開心心地出國度假了。

奢華旅程結束後，重返簡樸生活的女孩，漸漸無法忍受同樣剛出社會、月薪四萬左右、永遠只有機車接送的男友給予的各種待遇，對未來開始有憧憬的她，歷經與男友的大小爭吵，最後用「沒有共識」當藉口分手。

不出三個月，老闆順利追到女孩，過沒多久就結婚了。

套路分析

一、有錢也不該炫富

老闆一開始的做法完全錯誤，就算真的很有錢，也不能直接在女生面前展示，這招只對極度拜金的瞎妹有用，但是對於家世良好或有點素質的妹子，炫富的效果幾近於零，甚至會降低你自身的格調。

二、不同年齡妹子的擇偶策略

一般而言，二十五歲以前的女生因為眼界未開，擇偶標準大致上還停留在學生時代，總愛找類似系隊隊長之類風雲人物當男友；直到出社會一陣子，見識到男人的各種成就，擇偶標準才開始慢慢調整；接近三十歲的女生，會更想結婚，更注重經濟條件。

所以從學生時代就在一起的情侶，最大的弱點在於，**就算男方在籃球系隊是呼風喚雨、流川楓類型的風雲人物，可出了社會，誰他媽管你籃球多厲害啊，還不是一樣從零開始，慢慢累積金錢與身分地位**。

這個案例裡，老闆略施小計讓女生提早認清現實，加速她的認知過程，曾是學校風雲人物的男友，在社會上卻只能先從新手村的魯蛇職業開始打拚，當然敵不過已擁有一定地位的老玩家。

三、善用人類的腦補

其實，要偷渡價值觀最好的方法，從來就不是明刀明槍的正面突破，而是引領對方的思考方向，讓他自己說服自己，透過腦補去得出你精心設計希望他如此相信的結論，這招厲害之處，會讓他有自由意志的幻覺，以為自己好棒棒能夠想出完美結論，殊不知這一切都在你的掌控之中。

要徹底改變一個人的想法，是在他的腦袋裡「播種」，電影《全面啟動》也演過類似橋段，要主導一個人的想法，必須潛入到最深層的潛意識，才能讓他以為這一切是他自主決定。就現實技術而言，只要給他適當的環境，再輕輕一推，隨便踢個臨門一腳，這個人就會徹底被你改變。

原文提到的「火發於內，則早應之於外」正是此意，你得讓他內心的想法萌芽，讓火從裡面燒起，此時外部的攻擊才能奏效，適時接應。所以你看，老闆尾牙大獎這招真的是非常精妙（其實厲害的是司機，嗯，老司機無誤），比起一般有錢人只會漫無目的花錢亂砸，幾十萬就改變一個人的本質，實在是非常划算。

最後，我們把目光放到整個故事中最不被關注的男友身上，我相信買這本書的朋友，應該有不少人也處於剛出社會的尷尬階段，有著滿腹才華、頂著高學歷、摩拳擦掌準備大展鴻圖，奈何形勢比人強，沒有富爸爸撐腰，只能眼睜睜看著交往多年的女友被她的主管或老闆搶走。

你們最想問的問題是，有反制方法嗎？

很遺憾，沒有。至少以大數據模型觀察，**男人的成就、權勢、地位，對眼界已開的女人而言是種難以抗拒的致命吸引力**，你要麼就把她關在家裡不讓她出去上班開眼界，又或者你能超越其他男人，迅速成為社會上的頂尖人物，否則天性使然，總有一天她會認清愛情的假象，離你而去。

當然嘍，等你到了三十五歲，一樣可以如法炮製，用這招去對付剛出社會的年輕女孩。

12-3

沒有好處的事別做

夫戰勝攻取，而不修其功者凶，命曰費留。故曰：明主慮之，良將修之。非利不動，非得不用，非危不戰。主不可以怒而興師，將不可以慍而致戰。合於利而動，不合於利而止。怒可以復喜，慍可以復悅，亡國不可以復存，死者不可以復生。故明君慎之，良將警之。此安國全軍之道也。

其實孫子自己也知道火攻造成的強烈破壞，所以在〈火攻篇〉最後，特別用這段原文提醒大家保留戰果的重要。關於「夫戰勝攻取，而不修其功者凶，命曰費留」，後世的解釋多半繞著曹操所注的「獎賞不及時」打轉，我認為這格局不夠高，不合乎孫子的本意，「不修其功」的「功」字，指的應該是政治利益，克勞塞維茲的《戰爭論》就說「戰爭是政治通過另一種手段的繼續」，獲得軍事勝利後卻不鞏固政治利益，才是孫子要提醒我們「費留」的本意，要我們別犯這錯誤。

人生主導權的真諦

這年頭不知為啥，邊緣宅男愈來愈多了，整個網路環境也順著這項趨勢，極盡所能妖魔化男人的單身，認為單身就是可恥，脫單、跟最喜歡的人在一起，才是當務之急的人生目標，所以各種實體授課、線上課程、書籍刊物，無一不是想盡辦法要男人脫單，你不脫單就他媽該死，整個人生也將變得一無是處。

結果哩，**每個男人都想盡辦法要脫單，沒人願意進一步思考自己為什麼要脫單**，就算真的脫單、邁入婚姻，也沒想過努力半天的目的到底是什麼，只是覺得年紀到了就要結婚，要在配偶欄填個名字，就這麼糊裡糊塗把人生交了出去。

把妹讓自己脫單，僅僅是軍事上的勝利，但掌握自己人生的主導權，才是真正的政治利益，只是九九％的男人只願意追求軍事上的勝利，但說到人生主導權等政治利益，十個會有九個一臉狐疑：人生主導權，那是什麼？能吃嗎？

所謂的人生主導權，是你完全可以選擇自己想要的生活、做什麼樣的工作、花多少時間工作、如何經營自己的興趣，以及……想跟哪個女人約會或睡覺，這些才是快樂的本質，**自由帶給人的是真正的平靜，而不是被脫單或婚姻等枷鎖纏身**，頭都洗了才用一堆「身為男人的責任」等幹話來自我合理化，你應該要挺身而出拿回自己對人生的主導權。

再說，這年頭要脫單真的太簡單了，願意投資外貌的，每週花點時間上健身房，會大幅增加你的桃花運（雖然我一直不懂CP值這麼高的事為什麼沒人要做），再訓練一下嘴炮技能，基本上會有源源不絕的妹子排隊約你。就算是沒時間運動、打理外貌的爆肝宅宅工程師，也可以等到女生年過三十五急著結婚，靠自己的經濟優勢去婚姻市場上找到合適對象（但你也別指望對方會愛你，這只是商業合作關係）。簡單說，要麼你努力練等，不然就課金砸錢，脫單多的是方法。

但說到脫單之後的故事（或是慘狀），那些拚命鼓吹你脫單的人，這時卻絕口不提，你大概只會在男人聚會或是我的課程上才聽得到實話。基本上，你會喪失一切原先生活的各種自由，完全被家庭責任所取代，能夠甘之如飴當然很好，但如果你不幸後悔，很抱歉，沒有一段婚姻可以不著痕跡完美逆轉，更不用說那些已經生了小孩的，難不成要把孩子塞回女生肚子裡？

這也是為什麼我選擇當個不婚族的原因，雖然無法替國家民族盡一份繁衍責任有點過意不去，但跟我現在的生活比起來，我實在無法放棄悠遊自在的生活模式，傻到投入婚姻的牢籠裡。畢竟，選擇自己想背負的責任，是談「負責」之前更重要、更需要思考的事，我一個人過生活，只要對自己負責就好，不拖人下水，也怨不得誰。

結婚真的需要衝動？

身為男人，應當發揮我們的理智天性，不該讓情緒掌控決策（這是女人在做的事），所以每次我聽到有人說「結婚需要衝動」，心裡都在想：**如果結婚還需要衝動，那這個婚能結嗎？**不就代表你思考過後覺得不太對勁，所以才需要衝動推自己一把。看著逐年升高的離婚率，我其實很訝異現代人做決定竟是如此草率。

就如「主不可以怒而興師，將不可以慍而致戰」，《孫子兵法》告訴我們，無論如何，都不該在情緒高點上做出任何決定，當你身處憤怒、興奮、愉悅等各種情緒時，最該做的是暫緩一切決策，等情緒平穩再說，許多深諳此道的老闆，往往會選擇在酒店跟客戶談生意、簽訂單，本質上是利用酒精和女人去麻痺客戶的理性決策，不得不說還真是高招。

解法呢？正是原文所說的「合於利而動，不合於利而止」，簡單講，**不光是結婚，任何事都一樣，有好處就做，沒好處就不幹**，跟你是不是滿腔熱血、義憤填膺一點關係都沒有，要把事情做好，你需要的是理智判斷、風險控管、危機處理，最靠譜的還是自己的腦子，如果你的腦子不是只有裝飾功能的話。

我讀呂世浩老師的《一場歷史的思辨之旅：秦始皇》，其中對於秦始皇的描述，一直讓我銘記在心：

秦始皇為什麼能成功？因為他在統一天下之前，無時無刻不把統一天下這目標放在最優先的地位，他每一刻都把自己的理智放在感情之上，這一念之間，就能決定成功或失敗。

所以成功的要件是什麼？無論何時何地，都能把理智放在感情之上，只要能做到這件事，別說婚姻這種小打小鬧的事，就連秦始皇要滅六國統一天下，也是靠這項自我修練。

也許有人會問，控制情緒真這麼難嗎？又或者，真有必要去控制情緒？我曾經在自己粉專寫過一篇文，要大家在對方愛上自己前，先跟其他人約會，不要先動情，以免患得患失，**只有在對方先愛上自己後，你才有動情的必要**。這篇貼文底下有一則很有趣的留言：

只去愛愛上自己的人其實不容易，能跟發自內心熱血沸騰所愛的人在一起，才會痛並且快樂。

這讓我不禁思考，是不是現代人都有這種想死的衝動，覺得被情緒擺弄是件很美好的事？既然時代趨勢如此，你更有理由當個用理智控制感情的睿智男人，這代表你將更容易脫穎而出，更容易領導他人，也更容易掌控自己的人生。

第十三章

〈用間篇〉

小鬼難纏，但花點錢可以有大收穫

Chapter 13

出去約會誰付錢

各種間諜的用法

最強的間諜

13-1

出去約會誰付錢

孫子曰：凡興師十萬，出征千里，百姓之費，公家之奉，日費千金。內外騷動，怠於道路，不得操事者，七十萬家。相守數年，以爭一日之勝，而愛爵祿百金，不知敵之情者，不仁之至也。非人之將也，非主之佐也，非勝之主也。故明君賢將，所以動而勝人，成功出於眾者，先知也。先知者，不可取於鬼神，不可象於事，不可驗於度。必取於人，知敵之情者也。

《孫子兵法》來到最後一篇〈用間篇〉，標題看似說明間諜的使用方法，但孫子的格局可不僅僅如此而已。間諜重要歸重要，但事實上任何可以獲得情報的方法，你都該不計一切代價去嘗試，間諜只是手段之一，是戰術層級的事，但在戰略上，你要把情報當作一回事，而且是很嚴肅的一回事。

孫子這裡的概念跟我倒挺像的，我前面說過，不用把星座命理那套當真，人心千變萬化，一個起心動念將導致截然不同的結果，星座書或星盤分析就算再落落長，也比不上人性本質與環境影響，日常生活裡有太多變因足以推翻這些預測，所以孫子也說「先知者，不可取於鬼神，不可象於事，不可驗於度。必取於人，知敵之情者也」，比起求神問卜、星座命盤分析，用務實的態度去獲得情報才是最可靠的辦法。

那，這跟標題講的約會吃飯誰出錢有什麼關係呢？當然有。

花點小錢獲得情報

我向來反對無止境請妹子吃飯或送禮，這講的是你們兩人之間的互動框架，你不該把自己塑造成一臺予取予求的提款機，讓妹子覺得你只會用砸錢的方式來接近她，你絕對不能讓框架變成她是女神而你是奴僕的窘境，一旦陷入這困局，誰都沒救，還是砍掉重練換下一個比較快。

但是，在第一次約會的時候，我會有付所有錢的打算，這麼做的理由，只是為了要獲得妹子的價值觀，而妹子的價值觀，將是決定要不要繼續跟她約會的依據。具體做法如下：

一、根據自身預算設計約會行程

如果你只打算花三千元，就不要找自己麻煩去安排太高檔餐廳，然後期望女生跟你對分。像看電影加吃飯這種基本套路，你要有自己出全部的心理準備，而且選擇負擔得起的餐廳。

二、電影票等小錢

這種小東西，我建議你直接刷卡把它付掉，一來方便，二來也有個藉口，觀察女生會不會回請。雖然預設自己要負擔整趟約會的開銷，但有些上道的妹子會跟你說：「剛剛電影票你出，那等等吃飯我請。」這時你也別死腦筋，就坦然接受吧。

三、妹子是否回請

如果妹子沒有在當天這頓飯表示回請，你可以觀察她是不是口頭承諾下次約會她會請。如果她回請，那戰線可以拉長，下次約會再跑一樣流程；如果她裝死沒請客，還是讓你出了全部的錢，那她不再擁有機會，請直接放生她。

請你把底下這條真理銘記在心：**女人的價值來自男人的關注，你不鳥她，她就什麼也不是。**

四、妹子的態度

態度良好又懂做人的妹子，一定懂得互相的道理，當然值得多花點時間跟她互動，也值得我們男人多花點資源獎勵她，至於那些一副「你他媽就該花錢請客」嘴臉的妹子，放心吧，她們一定找得到其他火山孝子。

五、該給她機會嗎？

那有沒有可能是妹子太過天真，不懂這些做人道理，需要多給她幾次機會呢？你放心，不太可能，妹子從小就被男人請客、邀約，累積的社交經驗和直覺是男人的千百倍有剩，她若有心回饋，絕對會想辦法讓你知道。

我可以很直接地告訴你，**一個願意跟你保持長期關係的妹子，會想盡辦法幫你省錢**，絕不會像個公主一樣擺明花你錢又不手軟，你只要在前兩次約會花點小錢，就能輕鬆知道這件事了。是不是該繼續花時間互動，也能有個進退依據，非常值得。

這就是情報的重要，比你在那邊整天聊ＬＩＮＥ，或是自以為講故事偷渡價值觀，花點小錢約個會，你也能像孫子說的「必取於人，知敵之情者也」，從她的行為直接判斷。

幹，超省事的好嗎！這點小錢不要省。當然嘍，如果這妹子一直約不出來，那也算是個結果，你連錢都不用花就能判斷該不該繼續了，呵呵。

先脫單還是先脫魯

這種用錢換取情報的思維發展下去，你會遇到一個很尷尬的問題：是不是沒有錢就不能把妹？沒錯，**沒有錢，你還真的寸步難行，月領二十二K的窮小子，先想辦法脫魯比較實際，脫單這種事輪不到你來想**。

不光是實際的資源成本，一個人的經濟實力，與自身的眼光、格局呈現高度正相關，不妨觀察身邊的貧苦人家，只有少數人不被貧窮限制思維，知道要自我投資、提升智力、累積籌碼來翻轉階級，大多數窮人的目光只聚焦在金錢上，過著有一頓沒一頓的月光族生活，為數不多能用來自我充實的時間，卻拿去追劇和玩手遊來麻痺自己，不知道這世上有更值得追求的目標，更遑論脫魯。

其實脫單與脫魯之間的糾結，也是早期謎男那幫PUA的盲點，畢竟都叫「把妹達人」，對於每個想睡的妹子也該手到擒來，我敢說，當年為了脫單而去讀《把妹達人之謎男方法》的這群人，應該都是抱此想法。然而，當你還是魯蛇的時候卻急著脫單，你會發現處處受阻。

首先，光是金錢使用上你就輸人一大截，別說花錢買情報這種高級思維，就連開房間打炮，你也只能選擇三、五百塊的破爛商旅，無法選擇富麗堂皇的高級摩鐵。要知道，**開房打炮是沒有在對分的，兩性市場的潛規則就是男人付錢，你只能概括承受**（雖然，我真的被女人付過房錢，但我絕對不會說這是常態）。

再者，格局不夠，你會發現在裝屄之路上寸步難行。謎男的所有技巧，包含著名的孔雀理論、否定話術、團體作戰、預選等，全都是在裝屄，只要能完美執行，還是魯蛇的男人也有機會一親芳澤。但問題就出在「完美執行」這四個字，**所謂裝屄，能讓你看起來像個王者，但若你的骨子裡還是隻魯蛇，這會造成內外不一致的嚴重問題，你連自己都騙不過，還想騙過女人？**別忘了她們的社交直覺對男人來說可是超人等級。

結論是，要買情報、使用間諜，你要有錢，還要敢花錢才行。這也是為什麼《孫子兵法》把〈用間篇〉擺在最後的原因，國家平常就要修道保法、提升軍備，國庫夠了才有錢買間諜，正如你的人生目標也該是自己的事業，而不是女人，事業旺了，格局與眼神也隨之不同，你更有本錢安排高檔次的約會行程，去試出妹子的本質。

13-2

各種間諜的用法

故用間有五：有因間，有內間，有反間，有死間，有生間。五間俱起，莫知其道，是謂神紀，人君之寶也。因間者，因其鄉人而用之。內間者，因其官人而用之。反間者，因其敵間而用之。死間者，為誑事於外，令吾聞知之，而傳於敵間也。生間者，反報也。故三軍之事，莫親於間，賞莫厚於間，事莫密於間。非聖智不能用間，非仁義不能使間，非微妙不能得間之實。微哉！微哉！無所不用間也。間事未發，而先聞者，間與所告者皆死。

大體上來說，《孫子兵法》這段原文中，將所有可以使用的間諜種類都寫出來，變來變去，也就因間、內間、反間、死間、生間五種而已，不會再有更多了，把世界歷史攤開來看，管你是日本戰國時代的忍者（生間或死間）、赤壁之戰被周瑜耍著玩的蔣幹（反間）、英國軍情六處的詹姆士・龐德（生間），從冷兵器時代到高科技戰爭，二千多年前的〈用間篇〉，透過簡單一百多個字，已經將各種間諜的使用方法都羅列其中。

一、因間：用當地人做間諜

〈用間篇〉所指的間諜，絕非狹義地專指看完任務簡報硬碟還會自行銷毀的情報人員，而是那些能替自己提供情報的一切人員，包含敵國的人。也許你會想問：啊敵國的人怎麼會願意出賣自己國家，提供情報給你呢？其實要讓人出賣自己國家真的很簡單，錢給多一點就是了；不然你也可以跟對方混熟，降低他的戒心，再從閒聊之中套話，對方在不知情的狀況下，也會將珍貴的情報和盤托出。

說起來，「因間」是最直接的一種間諜方式，講白了就是線民，你出得起價，大可擺出「給你錢，趕快做」的大爺姿態，從對方口中撈出想要的各種情報，可以說是最沒有技術含量的一種，只要你財大氣粗，對方又嗜錢如命，相信我，**能用錢解決的事永遠都是小事**。

然而，就算你沒有錢，還是可以透過線民來獲得情報。我自己在當業務時，要打入一家公司，一定從總機、掃地阿婆、警衛，甚至其他部門不相干人員下手，不管對方是不是跟自己的案子有關係，一定想辦法認識，你怎麼知道哪天不會從跟他們聊天中獲得重要情報？朋友這種東西理當是多多益善。

所以嘍，當你交了女友後，也該花點時間親近她的家人朋友，一來要是女友出現變心跡象（或是在路上跟別的男人牽手被看到），你養的這些線民會在第一時間讓你知道，你看，有線民就是能讓你及時做危機處理。

二、內間：自己人最難防

內間和因間雖然同樣都是透過敵方人員提供情報，但最大的不同在於層級高低，隨便一個掃地阿婆都能擔任因間的線民角色，但能夠勝任內間的，往往只有直達天聽的心腹、參謀、寵臣，甚至是枕邊人也可能是內間。

最諷刺的是，這些內間有時候並不認為自己在出賣國家或老闆，只是單純考量自己的立場與利害，做出敵人希望他們做的事，進而誤國誤民。說起來，內間不光是提供情報給敵人，甚至干擾決策，大扯後腿，真的是為害甚鉅。

大家都知道端午節吃粽子是戰國時代楚國大夫屈原帶給我們的傳統，但這整起事件追究下來，還真的是一場悲劇：當時秦國派張儀到楚國跟楚懷王遊說，說要割讓六百里地給楚國，條件是跟齊國絕交，秦國會不會真的守信割地先不說，所有腦袋正常的人都知道這事情絕不單純，但偏偏楚懷王的寵臣靳尚已經被秦國重金收買，極力贊成（腦殘的）楚懷王接受好處跟齊國絕交，就這樣，楚懷王丟了盟友，地也沒拿到，派兵找秦國出氣還被打個抱頭鼠竄，最後又被秦國騙去議和，客死異鄉，楚國也被秦國打得被迫遷都，屈原就是在失望透頂的情況下投江自盡。

內間用得好，就是有本事端掉整個國家。

三、反間：將計就計的極致

所謂反間，正是把對方派來的間諜反過來為自己所用，讓他帶回假情報誤導敵人判斷，楚漢相爭中，劉邦派陳平搞掉項羽的頭號參謀范增，堪稱反間計的經典。

首先，陳平先花大錢收買項羽手下將領（內間和因間），讓他們散布范增對項羽封賞感到不滿的謠言。偏偏項羽的小氣是有名的，韓信對他器量的評價也不高，說項羽要封賞時，官印扣在手上一直給不出去，在手中磨啊磨的，幾乎把官印的稜角給磨平了，所以小氣是真有其事，這謠言一出來，項羽或多或少會當一回事，陳平鋪哏成功。

之後項羽派使者到劉邦陣營打探情報，陳平逮到機會，先用好酒好肉款待使者，席間聊沒幾句，又故作驚訝說「什麼？原來你是項羽的使者，我還以為是范增派來的呢！」立馬把酒菜撤掉，換上粗茶淡飯怠慢對待。使者把狀況回報，項羽大怒，立刻把范增趕走，項羽陣營唯一有腦的人就此消失，只能被劉邦的眾家謀臣耍著玩。

說真的，我覺得這種粗劣的戲碼，大概也只有項羽會中招，又或許他老早就看范增不順眼，這回終於給他找到藉口。

反間計之所以能產生作用，並不是計謀本身威力無窮，而是君臣之間先有猜疑，反間計才能加大裂隙，進而分裂，否則同樣招式用在劉備和孔明身上，是絕對起不了任何作用的。

四、生間與死間：色字頭上一把刀

生間和死間的差別是間諜有沒有活著回來，所以放在一起討論。說真的，我覺得收買男人最有用的方法，從來都不是金錢，而是美女，有多少男人栽在美女手上，又有多少特務組織深諳此道，知道要訓練美女當間諜才能從男人身上獲得關鍵情報。就連商場上的競爭，男人也很有可能因為一夜溫存，傻傻地把自家公司的關鍵情報告訴身旁這位水汪汪大眼的名模正妹，殊不知她正是競爭對手派來竊取情報的間諜，事成之後還能跟著一起瓜分你的身家。

「愈漂亮的女人愈會騙人。」拜李連杰電影所賜，成為大家朗朗上口的名言，**其實不是愈漂亮的女人愈會騙人，而是男人遇到愈漂亮的女人智商會降得愈低**，女人只要用點腦筋，把心機和溫柔搭配使用，自然可以對男人予取予求，別說是情報，連名車和房子，男人也心甘情願雙手奉上。

你的事業與夢想，才是值得你付出一切去追尋的目標，不是女人。一旦被慾望所掌控，小頭管不住大頭，會讓你蒙蔽成就自我的野心，甚至萬貫家財毀於一夕之間，你不知道很多大老闆因為太過信任小三，導致公司不知不覺被掏空，整個企業被五鬼搬運的慘事嗎？

13-3

最強的間諜

凡軍之所欲擊，城之所欲攻，人之所欲殺，必先知其守將、左右、謁者、門者、舍人之姓名，令吾間必索知之。必索敵人之間來間我者，因而利之，導而舍之，故反間可得而用也。因是而知之，故鄉間、內間可得而使也；因是而知之，故死間為誑事可使告敵；因是而知之，故生間可使如期。五間之事，君必知之，知之必在於反間，故反間不可不厚也。昔殷之興也，伊摯在夏；周之興也，呂牙在殷。故惟明君賢將，能以上智為間者，必成大功。此兵之要，三軍之所恃而動也。

在所有間諜中，孫子最推的是反間，其實想想不難理解，反間是在挖別人牆腳，而且是把人家的間諜反過來為己所用，一消一長之下，等於讓對方少一個間諜，我方陣營則多一個間諜，效益至少是兩倍起跳！而且挖過來的不是一般間諜，可是非常了解敵人狀況的間諜，除了可以保有原先身分變成我方臥底，還可以提供一大堆敵人情報來使用，完全是個以一擋百的即戰力，所以反間計使得好，你連因間和內間都知道該找誰下手，甚至死間和生間，也知道該放什麼假情報，或該找什麼目標，說反間是間諜之王還真一點都不為過。

所以孫子才說「反間不可不厚也」，反間的效益實在太大了，大到難以計算，就算是花大錢收買，也絕對划算，這一點在戰場或商場可是共有的默契。

當然，這是直接收買的情況下，對方的間諜知道你要收買他，願意跟你利益交換才有得談；如果沒有，那你得用「離間」的方法來處理，讓他從內部先行分裂，再分別擊破，厲害一點的還可以借刀殺人，這招在官場或職場鬥爭上可是萬年不變的神技。

你要記得：**所有的離間，都是讓人誤會，最後萌發殺機**。具體做法是，找出雙方與常規不同的差異點，之後放大這項差異，讓其中一方感受到不公平對待，內心修為不夠的便會心生不滿，把矛頭指向另一方，開始內鬥。

光這樣講你可能不知道我在說什麼，直接拿個歷史案例說明吧。

二桃三士

其實這是句成語，指的是讓人自相殘殺的陰謀，典故出自《晏子春秋》。春秋時代齊景公手下有三員大將，分別叫公孫接、田開疆、古冶子，三人戰功彪炳，也仗著自身資歷顯得桀驁不馴，大有功高震主之感，若是曹操或朱元璋這類猜疑心重的君王，早就想辦法處理了，奈何齊景公實在不是什麼雄才大略的君王，就算晏子本人屢屢勸諫要盡速處理這三員大將，齊景公還是婦人之仁作祟，遲遲不肯下手。

於是晏子想出了一招：讓齊景公把這三位人將找來，說要賞賜他們兩顆桃子，但兩顆桃子無法給三個人分，所以晏子提議，那乾脆來比功勞好了，功勞最大的兩位，分別可以獲得一顆桃子。但「功勞」這事可是很主觀的，特別是對這三位擁有赫赫戰功的大將來說，絕對自認文無第一，武無第二，練武的從來不認為自己實力居人之下，自然誰也不肯讓誰。

一番比較之下，其中兩位各拿一顆桃子，但落單那位可就不爽了，認為自己功勞最大，居然沒分到桃子，三人僵持不下，竟然氣到一一拔劍自刎，齊國的三大威脅，在晏子巧施離間計之下，只用兩顆桃子就解決了。

這個案例多讀幾次，其實我可以明白為什麼晏子要解決這三個人，這三人雖然勇武有餘，但智力實在不足，器量也實在狹小，一顆桃子不是什麼大不了的事，拱手讓出也就是了，為了爭個虛名而拔劍相向，我想晏子早就看出這點，知道這三人總有一天會誤國，才會設局除掉他們。

我在讀熊逸的書時，看到一個超棒的論點：要打敗任何一個組織團體，正面對決永遠是最笨的，施加的各種外力，反而會加強內部團結，讓敵人變得更加棘手；正確做法是，想辦法讓他們內部分裂，甚至內鬥加內耗，這麼一來就大事化小，你也能一一手到擒來。

別讓另一半虛耗你的人生

順著內鬥與分化的思路想下去，身為理智的男人，應該不難推測，如果娶到個拚命扯後腿的老婆，簡直是場災難，莫名其妙分化自己的人生，把多餘的心力用在不必要的紛爭處理上，而不是攜手並進，提升家庭與生活品質。

這讓我想到南部有位專教投資理財，又是個老愛拿《了凡四訓》當教義的邪教講師，手底下有一批非常死忠的鐵桿信徒，號稱要搞慈善基金會，但實際上卻是自肥的私人戶頭，也在公益大旗下穩定有「善款」湧入，說真的，以臺灣人的習性，這種宗教事業只要不出包，根本可以賺一輩子，沒人有辦法治他。

除非，他自己出包。原本穩定的邪教事業，在他娶了老婆之後開始鬆動。

原來，這老婆跟他一樣，控制慾非常旺盛，會想盡辦法掌握他的行蹤，偏偏這位講師素行不良，有好幾次對外型出眾的女學員毛手毛腳的前科，這麼一來老婆又更沒安全感，於是雙方爭吵不斷，在小孩出生後還多次上演離家出走的戲碼，整個家庭狀況可說是人仰馬翻。也從那時開始，信徒們漸漸看破他的手腳，雖然還是有死忠信徒存在，但開始有人覺醒，脫離邪教。

我的判斷是，因為他娶了個扯自己後腿的老婆，分散原本該用來經營事業的心力，也許是洗腦洗得不夠勤快，又或是多次在學員面前跟老婆起爭執，降低自己身為教主的威信，總之，這個老婆對他來說，只有扣分而已。你可以說惡人自有惡人磨，但每次聽到他們的故事，我都覺得最可憐的是他們的孩子，小小年紀什麼都不知道的他，長大後注定有一對心智不正常的父母相伴。

知道該怎麼思考自己的人生了嗎？

雖然我這本書大多數都是從兩性角度切入去探討謀略的本質，但應該不少人發現，我的思維也與《孫子兵法》不謀而合，不是在教大家把女生手到擒來的靈丹妙藥，而是用更高的格局去思考眼前的目標妹子在自己人生中所扮演的角色，如果娶來的另一半會拖垮自己的人生，你就該果斷放棄。

就像《孫子兵法》從來就不是教你每戰必勝的方法，而是教你「**慎戰**」，開戰之前謹慎評估，能夠伐謀與伐交，就絕對不要伐兵和攻城。

最後，我用《吳起兵法》裡的一段，作為這本書的總結：

「然戰勝易，守勝難。故曰：天下戰國，五勝者禍，四勝者弊，三勝者霸，二勝者王，一勝者帝。是以數勝得天下者稀，以亡者眾。」

你對妹子能百戰百勝，並不是真正的高手，甚至我會懷疑你是不是胸無大志，願意花這麼多時間和資源在把妹上面；真正的高手，會挑選目標謹慎出手，劍不出鞘則已，一出鞘必定見血，讓自己的人生與事業大幅邁進。

然後你會發現，一旦事業和人生提升後，妹子會自己來找你，這才是我希望大家在讀完這本書後，所能領悟的終極道理。

壞男人的孫子兵法：
情場與人際的雙贏謀略

作者	那個奧客
主編	陳子逸
設計	許紘維
校對	渣渣
發行人	王榮文
出版發行	遠流出版事業股份有限公司 104005 臺北市中山北路一段 11 號 13 樓 電話／(02) 2571-0297 傳真／(02) 2571-0197 劃撥／0189456-1
著作權顧問	蕭雄淋律師
初版一刷	2019 年 8 月 1 日
初版十一刷	2023 年 8 月 2 日
定價	新臺幣 360 元
ISBN	978-957-32-8578-6

遠流博識網 www.ylib.com YLib.com 遠流博識網

國家圖書館出版品預行編目（CIP）資料

壞男人的孫子兵法：情場與人際的雙贏謀略
那個奧客 著.
初版. 臺北市：遠流, 2019.08
336 面；14.8 × 21 公分
ISBN：978-957-32-8578-6 (平裝)

1. 兩性關係 2. 人際關係

544.7 10800844